10 LIÇÕES SOBRE HOBBES

Coleção 10 Lições
Coordenador: *Flamarion Tavares Leite*
– *10 lições sobre Kant*
Flamarion Tavares Leite
– *10 lições sobre Marx*
Fernando Magalhães
– *10 lições sobre Maquiavel*
Vinícius Soares de Campos Barros
– *10 lições sobre Bodin*
Alberto Ribeiro G. de Barros
– *10 lições sobre Hegel*
Deyve Redyson
– *10 lições sobre Schopenhauer*
Fernando J.S. Monteiro
– *10 lições sobre Santo Agostinho*
Marcos Roberto Nunes Costa
– *10 lições sobre Foucault*
André Constantino Yazbek
– *10 lições sobre Rousseau*
Rômulo de Araújo Lima
– *10 lições sobre Hannah Arendt*
Luciano Oliveira
– *10 lições sobre Hume*
Marconi Pequeno
– *10 lições sobre Carl Schmitt*
Agassiz Almeida Filho
– *10 lições sobre Hobbes*
Fernando Magalhães

Dados Internacionais de Catalogação na Publicação (CIP)
(Câmara Brasileira do Livro, SP, Brasil)

Magalhães, Fernando
  10 lições sobre Hobbes / Fernando Magalhães. –
Petrópolis, RJ : Vozes, 2014. – (Coleção 10 Lições)

  Bibliografia.
  ISBN 978-85-326-4825-9

  1. Filosofia inglesa 2. Hobbes, Thomas, 1588-1679
I. Título. II. Série.

14-06209   CDD-192

Índices para catálogo sistemático:
1. Hobbes : Filosofia inglesa   192

Fernando Magalhães

10 LIÇÕES SOBRE HOBBES

EDITORA
VOZES

Petrópolis

© 2014, Editora Vozes Ltda.
Rua Frei Luís, 100
25689-900 Petrópolis, RJ
www.universovozes.com.br
Brasil

Todos os direitos reservados. Nenhuma parte desta obra poderá ser reproduzida ou transmitida por qualquer forma e/ou quaisquer meios (eletrônico ou mecânico, incluindo fotocópia e gravação) ou arquivada em qualquer sistema ou banco de dados sem permissão escrita da editora.

Diretor editorial
Frei Antônio Moser

Editores
Aline dos Santos Carneiro
José Maria da Silva
Lídio Peretti
Marilac Loraine Oleniki

Secretário executivo
João Batista Kreuch

Editoração: Maria da Conceição B. de Sousa
Diagramação: Sheilandre Desenv. Gráfico
Capa: Sheilandre Desenv. Gráfico
Ilustração de capa: Studio Graph-it

ISBN 978-85-326-4825-9

Editado conforme o novo acordo ortográfico.

Este livro foi composto e impresso pela Editora Vozes Ltda.

Sumário

Nota liminar, 7

Introdução, 11

Primeira lição – Um Hobbes desconhecido: interpretações, 19

Segunda lição – Uma vida sem mistérios, ou quase, 29

Terceira lição – O homem que a história oculta – Entre o universal e o particular, 37

Quarta lição – De que natureza..., 43

Quinta lição – A guerra que não há, 51

Sexta lição – Contrato e Estado – As paixões domesticadas, 59

Sétima lição – Paz: um projeto ético, 67

Oitava lição – O limite da proteção e o direito de resistência, 75

Nona lição – Um precursor do liberalismo social?, 83

Décima lição – Um homem do nosso tempo, 95

Conclusão, 103

Referências, 105

Nota liminar

O livro que o leitor tem em mãos segue, como é de esperar, o padrão estabelecido por esta coleção. Contudo, a brochura anterior de minha lavra, publicada por esta editora, intitulada *10 lições sobre Marx*, continha quase o dobro de páginas em relação ao trabalho ora apresentado. Não creio que isso seja prejudicial ao leitor. Ao contrário, facilita sua leitura com um menor número de informações sem, no entanto, negligenciar a importância da forma e dos dados oferecidos. Quanto ao texto propriamente dito, o estilo, em princípio, permanece o mesmo, com pequenas modificações que em nada alteram o objetivo da publicação. Esforço simultâneo é apresentado, ao interessado pelas ideias de Thomas Hobbes, para tornar mais favorável o acesso às obras o autor analisado. Utilizo, em boa parte, as obras na língua original do filósofo inglês, porque acredito ser o modo mais fácil de chegar às suas ideias sem a mediação de terceiros, ainda que muitas traduções alcancem, praticamente, o nível da perfeição. Assim, sempre que possível, recorrerei à tradução, em português, dos textos monopolizados. Aproveito, ainda, o espaço desta nota para mais uma observação. Todas as referências aos trabalhos usados nesta pesquisa estão à disposição do leitor nas últimas páginas do livro.

Contudo merece destaque o modelo escolhido para o recurso às notas de rodapé. As referências a Hobbes iniciam, pela primeira vez que são citadas, por seu sobrenome em letras maiúsculas, seguido do nome do livro em itálico e os demais complementos: parte (volume, se for o caso), capítulo, parágrafo e data, acompanhados do número da página. A partir daí, todavia, apenas os títulos dos livros e suas respectivas páginas serão mencionados. Uma única diferença é digna de nota: refiro-me ao *Leviatã*, em que não há necessidade de repetição dos capítulos na edição brasileira, pois tanto o original como a sua tradução possuem sequências de capítulos semelhantes. A distinção, portanto, diz respeito, unicamente, à forma de destaque: *Leviathan* para a edição inglesa e *Leviatã* para a versão em língua portuguesa.

As demais obras de Hobbes atendem ao seguinte elenco: *Elements of Law Natural and Politic:* os algarismos romanos, na sua forma maiúscula, indicam as duas partes em que o livro se divide (*Human Nature*. I, e *De Corpore Politico*. II). A grafia dos tipos em algarismos romanos minúsculos, em sentido sequencial e sem interrupções, acompanhada dos números arábicos, definem os capítulos e parágrafos seguidos da página. A edição em língua portuguesa (tradução da Resjurídica, de Portugal), intitulada *Elementos de Direito Natural e Político*, segue o mesmo padrão do original com um pequeno diferencial. O primeiro trecho termina no capítulo xiii e prossegue com o título de *De Corpore Politico*, usando o algarismo romano II. Recomeça os capítulos, no entanto, a partir do primeiro. Os parágrafos, com raras exceções, mantêm a mesma numeração. A partir desta nota, essas obras recebem o título abreviado: *Elements* (com os devidos acréscimos) para a versão inglesa, e *Elementos* para a tradução. No corpo do texto o livro será denominado *Elementos de lei* ou *Elementos*. As alusões ao Behemoth repetem o modelo presente. A "assinatura" da versão original de Molesworth responde pelo título em digitação normal (Behemoth), seguido da obra primitiva em que está contido (*English Works*), o número do volume e página. A tradução brasileira é representada em itálico.

O mesmo serve para as obras hobbesianas menos utilizadas. Optei, para esta brochura, *Do cidadão*, de Hobbes, publicado pela Martins Fontes, devido sua tradução direta do inglês. Conhecido, igualmente, como *De Cive*, não raro alterno a expressão, não obstante mantenha uma única referência nas notas de pé de página. A bibliografia secundária repetirá, indefinidamente, o nome do autor, optando pelas expressões latinas Op. cit. e

Id., conforme o caso. Esclareço, ainda, que preferi inverter o início dessas *Lições*, familiarizando o leitor com as várias abordagens sobre Hobbes antes de identificá-lo, formalmente, através de uma restrita biografia. Por fim, agradeço aos meus amigos Luciano Oliveira e Flamarion Tavares Leite pelas observações feitas nas leituras dos originais ou parte deles. Devo acrescentar, porém, que os defeitos apresentados na obra são de exclusiva responsabilidade do autor. Acredito que o conteúdo desta breve nota será de grande utilidade para quem deseje aventurar-se pelas sendas de um escritor do século XVII que ainda desperta nossa curiosidade pelo muito que tem para nos contar.

INTRODUÇÃO

Mais um livro sobre Hobbes! Não é improvável uma reação dessa natureza por parte do estudioso (ou curioso) da filosofia e ciências humanas diante de mais um título sobre o filósofo inglês seiscentista exposto na vitrine de alguma livraria. À expressão de enfado, desagrado ou, quem sabe, até mesmo de admiração, cabe uma breve resposta – não sem um leve toque de ligeira arrogância: é verdade; trata-se, porém, de um "outro Hobbes". Inspira-se o início desta Introdução num texto de boa data de um autor italiano que, citando a abertura do prefácio ao *Hobbes* de D.D. Raphael, refere-se ao tom interrogativo que consta do corpo desta obra – juntamente com outro trabalho (de D.P. Gauthier) que alude ao mesmo estilo (*Ancora un altro Hobbes?*) –, apenas para demonstrar a multiplicidade das visões interpretativas a respeito do pensador de Malmesbury[1].

---

1. Cf. SORGI. "La problematica lettura di Thomas Hobbes". In: *Rivista Internazionale di Filosofia di Diritto*, série V, n. LVII, 1980, p. 292-293.

Não poucos se mostram, já na metade da década de 1940, intrigados com a proliferação dos trabalhos sobre Hobbes numa época em que se proclama a crise da Modernidade. "Hobbes semper vivus?", pergunta W. Löwenhaupt, expressando o crescente interesse pelo filósofo na Alemanha, no final da década de 60 do século passado[2]. Interesse que aumenta, consideravelmente, após a Segunda Guerra Mundial. O refluxo que ocorre em determinado período do século XX – precisamente no entreguerras – deve-se, basicamente, à acusação de ser Hobbes o pai do totalitarismo. Inúmeros aqueles que ingressam por essa via. F. Viola, Carl Schmitt, e mesmo Hannah Arendt, enxergam, no nazismo, os princípios fundamentais da filosofia política hobbesiana, se bem que esta última mude de opinião quando escreve *Entre o passado e o futuro*, fazendo ceder o lugar do Hobbes totalitário ao filósofo legalista, ainda que conservador[3].

Eliminada a suspeita, aparadas as arestas de uma visão demoníaca e pouco confiável, à medida que o imperialismo já não sangra pelas suas veias, depois da descoberta de uma infindável quantidade de interpretações que recuperam o escritor das garras dos fascismos, está aberto o caminho para uma

---

2. Id., p. 293-294.

3. COLI. *La Modernità di Thomas Hobbes*, 1994, p. 21-22.

nova vaga de interpretações que o levam, inclusive, ao oposto: um pensador da democracia. Há um bom argumento para tal opinião. Não propõe Hobbes um tipo de governo em que o soberano deve ser eleito pela multidão? A instituição de um Poder Comum que mantenha a todos em segurança e permita uma vida mais satisfeita (*more contented life*) não é obra de um golpe de minorias, mas fruto de um acordo produzido por uma assembleia de homens que escolhe o governante por meio do voto (*by plurality of voices*)[4].

Obviamente não é esta a versão predominante. Se é que existe alguma que domine o vasto manancial que abastece a extensa bibliografia do autor de *O Leviatã*. Naturalmente há uma forte razão para o surgimento de numerosos estudos sobre Hobbes. O planeta acabara de abandonar um pavoroso estado de natureza e ingressara numa suposta era de paz. Digo suposta porque o estado de guerra não cessara inteiramente. O equilíbrio do terror, provocado pela Guerra Fria entre as duas grandes superpotências que emergem dos escombros de 1945, demonstra que a condição natural do homem permanece viva. Alimentam-se os países de uma paz precária. Subsistem os conflitos internos em muitas sociedades. As lutas domésticas nas ditaduras latino-america-

---

4. HOBBES. *Leviathan*, cap. XVII, 1985, p. 223 e 227 • *Leviatã*. (Ed. brasileira), 1974, p. 107 e 109.

nas; o medo que se instaura nos três Estados europeus de tendências autoritárias (Portugal, Espanha e Grécia), e o Maio de 1968 – sem mencionar uma Alemanha dividida, ocupada em ambos os lados da Europa – confirmam as teses hobbesianas relativas à natureza humana e ao estado de guerra.

Não obstante a existência de certa unidade no que corresponde ao sistema político-econômico vigente nas duas faces do mundo, cada Estado, em particular, mantém sua marca específica. Socialistas, liberais, social-democratas, regimes do bem-estar social – alguns desenvolvendo uma burocracia bastante saliente – revelam a fraqueza de uma sociedade erguida em bases pacíficas pouco sólidas. Não estranha, portanto, o renovado interesse pela ideia de um temor respeitoso que mantenha as pessoas em segurança, nem causa surpresa a metáfora que insinua a presença de "diversos Hobbes", porquanto não há um modelo único que conduza os comentadores das relações internacionais – tanto quanto os filósofos – a um Hobbes unitário e proprietário de uma verdade única. Não implica, assim, qualquer novidade mencionar o aparecimento de um "outro Hobbes" em um momento em que os problemas por ele levantados permanecem atuais em nossos dias.

Hobbes vive numa época conturbada. O volume das dificuldades de seu tempo interfere, até mesmo, no esquema cronológico de sua filosofia. Preparando para compô-la em três partes – *De Corpore, De Homine* e *De Cive* –, a última precede as demais. A explicação consta do prefácio do seu livro *Do Cidadão*. Nota ele que, antes da guerra civil, "já ferviam as questões acerca dos direitos de dominação e da obediência". E isso é a causa, para ele, de amadurecer a terceira parte:

> Assim sucede – afirma Hobbes – que aquilo que era último na ordem veio a lume primeiro no tempo, e isso porque vi que esta parte, fundada em seus próprios princípios suficientemente conhecidos pela experiência, não precisava das partes anteriores[5].

O livro de Hobbes (1642) aperfeiçoa, dessa maneira, sua filosofia política, antecipada em *Elementos de Lei Natural e Política* (1640), e concluída, de certa forma, em 1651 com *O Leviatã*. Embora Hobbes retome seu projeto interrompido, não abandona sua questão essencial que é o problema da paz e da resolução dos conflitos. Talvez por isso mesmo o privilégio que se confere a sua filosofia política, considerada, por ele próprio, independente das demais partes e que se "sustenta por si só". Mesmo desenvolvendo, posteriormente, o que seria sua filosofia natural – 1655 (*De Corpore*) e 1658

---

5. HOBBES. *Do cidadão*, 1992, p. 20-21.

(*De Homine*) –, é como filósofo político, como ele ficou efetivamente conhecido, que ele será tratado neste pequeno ensaio. O livro que apresento ao leitor não tem a pretensão de demonstrar um Hobbes "original" e totalmente diferente "daqueles" já conhecidos pelo público, em que pese, aqui e ali, um "outro Hobbes" não tão conhecido dos leitores como, por exemplo, o homem que antecipa, em certo sentido, o Estado Previdenciário, se faça presente nessas poucas páginas. As *Dez lições*, portanto, são destinadas a todo tipo de audiência, mas dirigem-se, primordialmente, a quem não tem a oportunidade de conhecer o "gêmeo do medo", como ele próprio se intitula, e àqueles que, obtendo um conhecimento moderado, desejam penetrar um pouco mais – ainda que sem grande profundidade – nas ideias de Hobbes sobre o homem e sua busca por uma vida mais plena, o que de resto é o que fazemos a cada dia.

Mas como apresentar Hobbes? Como convidá-lo a participar da convivência com o parceiro desta quase centena de folhas impressas sem a dúvida de que não encontrará um novo Hobbes mais adiante? Seguramente esta certeza não se inclui neste breve esboço, mas decerto ajudará ao companheiro de jornada a reconhecê-lo em suas feições mais desinibidas em caso de deparar-se, novamente, com seu interlocutor. Por fim, uma advertência: inicio estas lições com uma deliberada inversão em relação ao hábito convencionado pela maioria dos escritores. A brevíssima biografia sobre o autor, ao invés de vir antes, sucede o capítulo que abre este livro. A intenção é exclusivamente brindar o leitor com algumas das mais celebradas interpretações sobre Hobbes, antes que o leitor adquira algum conhecimento – ou os primeiros passos – a respeito de um homem que suscita temores e admiração, mas, sobretudo, traz à tona da literatura política a incansável busca pela esperança e pela paz.

 Primeira lição

Um Hobbes desconhecido: interpretações

O "outro Hobbes" – e não só ele – é sempre, aparentemente, um homem desconhecido, um intelectual que, em princípio, tem algo novo a nos presentear. Um regalo que descobrimos, no percurso, que a companhia a desfrutar já nos contara, em outra ocasião, a história de sua vida, de seus interesses, de seus objetivos. A mesma história que, por outros prismas, ouvimos de seus amigos, admiradores ou adversários. Contudo, a psicanálise nos adverte que o homem, diferentemente da criança, *não repete* o que narra; a menos que se deixe penetrar em seus aspectos patológicos. Dessa forma, um desconhecido, do qual possuímos alguma lembrança, está, indiscutivelmente, à nossa porta. Que não se imagine Hobbes isolado nessa empreitada.

Um homem incompreendido. Assim Michael White descreve o estigma de Maquiavel, cujo nome é associado às mais perversas maquinações[6]. Marx é tratado, metaforicamente, como o demônio ou mais outro "desconhecido" através da exegese dos textos de um "outro Marx"[7], e Nietzsche o criminoso que matou Deus na pena de muitos de seus comentaristas. Há sempre um autor a se tornar, outra vez, conhecido, reconhecido ou aceito depois de recusado por motivos que variam conforme a época. Um "filósofo maldito"[8], como Hobbes, que conquista, igualmente, a "reputação de o Monstro de Malmesbury"[9], recupera-se em seu próprio tempo e mostra a importância do hobbismo – ainda que cômica e não mais maléfica – durante a Restauração[10]. Isso significa que existirão tantos autores – ou melhor, os mesmos autores – quanto for o número de pesquisadores. Entende-se o porquê.

Interpretar não é adotar mecanicamente o ponto de vista de um autor, ou ser "fiel" às suas verdadeiras intenções – o que talvez não seja realmente possível –, mas descobrir as intenções que

---

6. WHITE. *Maquiavel*: um homem incompreendido, 2007.

7. GIROUD. *Jenny Marx ou A mulher do diabo*, 1996. • SPIRE. *Marx, cet inconnu*, 1999.

8. Cf. o balanço feito por Sorgi sobre a fortuna das interpretações de Hobbes na obra citada, 1980, p. 300.

9. TUCK. *Hobbes*, 2001, p. 43.

10. RIBEIRO. *Ao leitor sem medo* – Hobbes escrevendo contra o seu tempo, 1995, p. 19.

se disfarçam – nem sempre voluntariamente – sob a superfície da narrativa[11]. É "apropriar-se renovadoramente" de um texto como se o predecessor "não tivesse ido longe bastante", em função das diferenças de épocas, enquanto simultaneamente confere-lhe existência atual[12]. Por isso Hobbes pode emergir como um indivíduo ligado à aristocracia porque exclui os pobres de seu catálogo de honra e confina sua análise ao âmbito da população com tempo disponível para o lazer[13], e Macpherson não tem problemas para considerá-lo vinculado aos interesses burgueses porque, além de descrever o poder de comandar o serviço de outra pessoa, Hobbes defende o Estado; afinal sua doutrina "era justamente aquela necessária nas décadas de 1640 e 1650 para abrir caminho para a acumulação ilimitada do capital"[14].

---

11. Cf. MAGALHÃES. *À sombra do Estado Universal* – Os EUA, Hobbes e a nova ordem mundial, 2006, p. 106. • SOARES. *A invenção do sujeito universal* – Hobbes e a política como experiência dramática do sujeito, 1995, p. 27.

12. Sobre o tema da interpretação como relação entre o receptor e receptário, intermediado pelo texto, cf. BLOOM. *A angústia da influência*, 1991, p. 36, 43 e 106. • JAUSS. *Pour une esthétique de la réception*, 1978, p. 246-247. • *História da literatura como provocação à teoria literária*, 1994, p. 9 e 25.

13. THOMAS. "The Social Origens of Hobbes Political Thought". In: BRONW (org.). *Hobbes Studies*, 1965, p. 191.

14. MacPHERSON. *Political Theory of Possessive Individualism*, 1962, p. 37. • *Ascensão e queda da justiça econômica e outros ensaios*, 1991, p. 189.

Trilha seguida por Strauss que aponta uma moralidade burguesa no filósofo inglês. Hobbes é o *burger e o burgeois*; o burguês no sentido político e na expressão econômica da palavra. É o homem que pensa o outro como uma mercadoria à medida que percebe a compra e venda do homem no mercado (embora admita seus excessos), e vê as dádivas da natureza menos importantes do que o comércio[15]. O avanço no redirecionamento de Hobbes para a filosofia política começa cedo. Antes da segunda metade do século XX consolidar a presença de Hobbes entre intelectuais democratas, liberais e social-democratas, os anos seguintes à Segunda Guerra já resgatara o filósofo das mãos do nacional-socialismo.

Norberto Bobbio vê nele o precursor do positivismo jurídico oitocentista, e A.E. Taylor o analisa como um pensador da ética. Para ele, a obrigação política, em Hobbes, se alicerça sobre a obrigação moral que, em última instância, vai buscar sua autoridade na lei natural[16]. Bem antes dele, já em 1937, Oaekshott concebe, da mesma forma, como base fundamental do pensamento de

---

15. STRAUSS. *The Political Philosophy of Hobbes* – Its basis and Its Genesis, 1973, p. 116-119.

16. Cf. BOBBIO. In: SORGI. Op. cit. p. 301. • TAYLOR. "The ethical doctrine of Hobbes". In: LIVELY, J. & REEVE, A. (orgs.). *Modern Political Theory From Hobbes to Marx* – Key Debates, 1991, p. 19-39.

Hobbes, a *Teoria da Obrigação* na longa análise que faz do *Leviatã*. É digno de nota mencionar que, nessa *Introdução* à mais famosa obra do filósofo inglês, Oaekshott atribui um grave erro àqueles que veem a doutrina da obrigação em termos puramente de autointeresse. O grande problema, para Oaekshott, é a ambiguidade com que Hobbes usa certas palavras, além de que a consistência de sua obra encontra-se unida a tudo que escreveu[17]. Não se confina, portanto, ao *Leviatã*.

Na década de 1960 Hobbes já se distancia plenamente da imagem totalitária que havia se apoderado de seus escritos. Gauthier – em *The Logic of Leviathan* – encontra a maturidade da teoria hobbesiana no conceito de autorização, e T. Magri introduz a concepção de representação[18]. As novas teses aproximam o pensador de Malmesbury dos autores liberais. Não surpreende que Hobbes assuma, nas versões de uma boa quantidade de autores contemporâneos, a paternidade do sistema representativo moderno. Livre do estigma que o abalara no princípio do século, cresce, como mencionado anteriormente, o interesse pelos seus escritos, praticamente a partir das últimas décadas do novecentos. Tuck, por exemplo, nota nas análises de Hobbes implica-

---

17. OAEKSHOTT. *Hobbes on Civil Association*, 1975, p. 64.

18. SORGI. Op. cit., p. 321.

ções da teoria de Grotius, que nada possuem de liberal. O único direito fundamental é a preservação de nossa vida (o que não é tão claro, em Hobbes, como se verá mais adiante) e, caso seja necessário, para obter a paz e a prosperidade a população pode renunciar a seus direitos civis[19].

Todavia, ele observa, igualmente, que Hobbes argumenta contra a taxação igualitária ou o imposto de renda. Prefere, ao contrário, a taxação dos artigos de consumo. Hobbes traz em si, consequentemente, o paradoxo do liberalismo primitivo ou clássico, o que o aproxima de Locke[20]. É, porém, essa "ambiguidade" que encontramos nos textos de Hobbes que torna possível sua "desleitura", isto é, a expropriação renovadora de que fala Bloom, a capacidade que o intérprete tem de modificar e ampliar a obra complementando-a para adaptá-la às exigências dos novos tempos. Escreve Hobbes numa época em que o velho está morrendo e o novo dá, apenas, seus primeiros passos, mantendo-se penosamente nos trilhos de sua iniciante e cambaleante caminhada. Assim, o ideal de civilização forjado pelo filósofo inglês equilibra-se entre formulações tácitas e expressas[21].

---

19. TUCK. Op. cit., p. 37-38.

20. Id., p. 94.

21. STRAUSS. Op. cit., p. 1.

Não raro, num período de transição, um pensador nem sempre tem condições de se aperceber inteiramente das modificações que se operam na base material de sua sociedade, mas sente, de algum modo, os seus efeitos. Hobbes toma conhecimento das mudanças até certo ponto. Mas não as entende, a rigor, como mudanças. Os horizontes que lhe servem de modelo fundem-se numa encruzilhada onde uma sociedade agoniza e outra começa a se erguer[22]. Por isso nosso autor observa, em sua experiência, o comportamento de uma aristocracia decadente e um homem novo que lhe aparece como sombra universal. Daí o flerte pouco consciente com a ideologia – se é possível usar tão ampla expressão – de ambas as formações sociais. O que não chega a ser fora do comum, dessa maneira, encontrar uma "diversidade de Hobbes". Ao contrário, não é imprevisível encontrar, em sua leitura, simultaneamente, o patriarcalismo de K. Thomas, o mercantilismo de Renato Janine Ribeiro[23], o burguês de C.B. Macpherson, que assegura aos homens uma vida de competição e aquisição[24], o

---

22. MAGALHÃES. Op. cit., p. 80.

23. Hobbes é um gladiador em guerra com os homens ávidos de lucro, menos predisposto a aceitar os princípios burgueses do que vê-los subordinados às rédeas do Estado. Cf. RIBEIRO. Op. cit., p. 101 e 116.

24. MacPHERSON. Introdução ao *Leviathan* da edição inglesa da Penguin Books, 1985, particularmente as p. 51-60.

social-democrata de Alan Ryan[25] e o pensador da ideologia estatista responsável pelo surgimento do Estado burocrático, no entendimento de João Paulo Monteiro[26].

Em nosso próprio milênio, a figura de Hobbes mantém a perspectiva positiva que adquire nos primeiros instantes do pós-guerra do século passado. Um viés republicano, sob o atento olhar de Quentin Skinner, exalta a liberdade hobbesiana como fiel às práticas humanistas[27]. Confirmada a concepção moderna das ideias de Hobbes, ele pode, inclusive, despontar como paladino da resistência (Hobbes admite até mesmo o direito à rebelião) ou um homem desprovido de interesses egoístas[28]. Independentemente da infinidade de Hobbes, isto é, da interpretação que cada *scholar* propõe de seu objeto de estudo escolhido que, sem dúvida, não deixa de ser uma opção subjetiva, há uma personagem única, com uma história pessoal e diferente de outras personagens históricas e intelectuais, que permite, em grande medida, uma abordagem um pouco mais objetiva.

---

25. RYAN. "A filosofia política de Hobbes". In: SORELL (org.). *Hobbes*, 2011, p. 289-290.

26. MONTEIRO. "Ideologia e economia em Hobbes". *Filosofia Política*, n. 2, 1985, p. 141.

27. SKINNER. *Hobbes e a liberdade republicana*, 2008, p. 27-28.

28. Cf. SREEDHAR. *Hobbes on Resistence* – Defying the Leviathan, 2010. • GERT. *Hobbes:* Prince of Peace, 2010, p. 35-36.

Claro está que esta objetividade não impede a presença de traços subjetivos em sua narrativa, porquanto é sempre difícil convencer um biógrafo, por exemplo, que a história de seu biografado deva obedecer a determinados cânones. A recente discussão, em nosso país, sobre as biografias não autorizadas, demonstra que um fato não corresponde, necessariamente, a um "fato", mas ao que o analista pode extrair dele. Aqui, entretanto, segue-se o padrão rotineiro que os estudiosos de Hobbes já se habituaram a descrever, uma vez que não se trata de uma interpretação totalmente pessoal de seu trajeto no campo da filosofia, especialmente de sua filosofia política e os problemas dela derivados, mas de uns poucos dados biográfico-intelectuais de certa forma já conhecidos pelo leitor. O desconhecido revela-se a sua maneira, mas deixa espaço para que os comentadores de seu pensamento promovam uma incursão em sua vida privada e pública.

Segunda lição

Uma vida sem mistérios, ou quase

"Minha mãe pariu gêmeos, eu e o medo"[29]. Com estas palavras Hobbes recordará, no final da vida, em sua autobiografia, a razão do seu nascimento prematuro. Em 5 de abril de 1588, em Westfort, uma paróquia da pequena cidade de Malmesbury, na Inglaterra – escreve seu amigo John Aubrey –, sua mãe entra em trabalho de parto devido ao susto que sofre com as notícias da invasão da Invencível Armada, como era conhecida a esquadra espanhola[30]. Versão quase unânime descrita pelos biógrafos de Hobbes, uma vez que a informação parte das palavras do próprio relatado. Há quem levante a suspeita da veracidade da descrição do

---

29. Hobbes escreve sua autobiografia em versos latinos. Uma tradução para o inglês (*The Verse Life*) encontra-se publicada, em apêndice, na edição da Penguin Books dos *Elements of Law Natural and Politic*, 1994, p. 254: And hereupon it was my Mother Dear / Did Bring forth Twins at once, both Me and Fear.

30. Cf. AUBREY. *Brief Lives*, 2004, p. 150.

filósofo, explorada mais como jocosa do que real[31]. Para Finn, os fatos históricos não corroboram a explicação, pois a Armada zarpou um mês depois do nascimento de Hobbes. Paradoxalmente, acredita haver alguma verdade nisso, já que sua mãe "pode ter estado assustada simplesmente pelos rumores da invasão".

Excetuando-se os acontecimentos pitorescos, ou os pormenores de seu estilo de trabalho – como um Hobbes que bebia muito pouco, embora o fizesse, nas raras ocasiões, até o limite da náusea[32] –, poucas discordâncias ou omissões merecem atenção. Curtas informações que não invalidam a observação de Renato Janine Ribeiro de que pouco se sabe sobre a vida de Hobbes; não os fatos principais, mas sua intimidade[33]. Toda biografia tem seus mistérios, tanto quanto o próprio personagem. Mistérios que não interferem na obra nem causam impacto na vida do biografado. Simples lacunas que não pro-

---

31. FINN. *Compreender Hobbes*, 2010, p. 16.

32. AUBREY. Op. cit., p. 157. Aubrey dedica breve trecho de sua biografia a mostrar o processo de criação de Hobbes. Suas contemplações emanavam das caminhadas (pelo menos no tempo em que escrevia *O Leviatã*) que fazia em Paris, onde portava, no cabo de sua bengala, uma caneta e um tinteiro, e no bolso um pequeno livro de anotações; e em 1659, quando escreve poemas em latim, escolhia, para meditação, o pórtico de um jardim em Little Salisbury House, p. 152-153.

33. RIBEIRO. Prefácio a HOBBES. *Do Cidadão*, p. XVII, do qual é tradutor.

duzem incômodo no leitor. Aos 14 anos ingressa na universidade e ao término do bacharelado, ao deixar Oxford, é contratado por um aristocrata de Derbyshire, William Cavendish, que se torna conde de Devonshire em 1618. Hobbes torna-se tutor de seu filho (posteriormente o segundo conde dessa região), uns poucos anos mais jovem do que seu mentor. Em sua recomendação, o reitor de Magdalen Hall, onde Hobbes recebe o grau de bacharel, acredita que o futuro pupilo lucraria muito mais com um erudito de idade aproximada do que a aprendizagem com um doutor de posições severas e, possivelmente, tradicionais[34].

A condição de Hobbes sob o sistema de serviço dos Cavendish não é totalmente clara. Sua relação com o discípulo, nas palavras de Malcolm, sugere "menos a de um tutor do que a de um criado, secretário ou amigo"[35]. Julgamento que se deve ao fato de Hobbes "servir de pajem a sua senhoria, cavalgar com ele nas caçadas e falcoarias, e conduzir sua

---

34. Há, aqui, um conflito de informações sobre a recomendação de Hobbes. Enquanto o autor de *Brief Lives* aponta a indicação ao emprego por parte de Sir James Hussey, Malcolm, em sua restrita narrativa da vida do ex-estudante de Westfort, sugere que ele foi admitido pelo barão por recomendação de John Wilkinson. Cf. AUBREY. Op. cit., p. 151. • MALCOLM. "Uma biografia restrita de Hobbes". In: SORELL (org.). *Hobbes*, 1996, p. 35. Trata-se da tradução brasileira do famoso *The Cambridge Companion to Hobbes*.

35. MALCOLM. Op. cit., p. 35-36.

bolsa pessoal"[36]. De qualquer modo, a conexão com essa família proporciona a Thomas Hobbes "plenas oportunidades de encontrar importantes intelectuais por toda a Europa"[37]. Em seu retorno à Inglaterra, proveniente de uma viagem com Cavendish à França e à Itália, entra em contato – com Cavendish como mediador – com Bacon por volta de 1616. Dez anos mais tarde, o protegido de Hobbes (homônimo do genitor) sucede o pai como segundo conde de Devonshire. Infortunadamente, morre dois anos depois, período em que Thomas deixa o serviço dessa aristocrática família para tornar-se mentor do filho de outro rico proprietário de terras, Cervase Clifton, com o qual viaja para a França e Suíça.

Regressa então a seu país e retoma os serviços dedicados aos Devonshire, precisamente a viúva do conde. Em 1631 assume a tutoria de seu filho, o terceiro conde. No final da década explica que aceitara a função porque "a mesma não o afastava muito de seus estudos"[38]. Com efeito, o novo encargo incide sobre um garoto de 11 anos, cujas tarefas de ensino não exigiam grande esforço. Em outra excursão continental com seu pupilo, agora com 13 anos, desfruta quase um ano de seu tempo em Pa-

---

36. AUBREY. Op. cit., p. 151.

37. FINN. Op. cit., p. 16.

38. MALCOLM. Op. cit., p. 41.

ris. Em fins de agosto de 1635 está em Roma e em 1636 segue para Florença. Ali perto, em Arcetri, conhece Galileu. Toma consciência do que acontece nos círculos filosóficos franceses e, através de Marsenne, o grande nome da ciência europeia, de quem se torna amigo e mantém contato com os sábios de toda a Europa, inclusive Descartes – mas só em 1648, pouco antes deste embarcar para a Suécia[39]. Pode-se dizer que a década de 1630 foi prolífica para o desenvolvimento do conhecimento científico e filosófico de Hobbes.

Trabalha, nessa época, em sua trilogia *Os elementos de filosofia*, priorizando a ciência e a metafísica, quando a turbulência política interrompe os seus estudos no final de 1630. Cresce a discussão sobre a possibilidade de diminuir os poderes do rei. Não se desconhece o interesse de Hobbes pelos vários ramos da filosofia (cf. Introdução, p. 14), bem como a justificativa pela opção em começar pelo final da trilogia. Por ocasião desse momento tumultuado, Hobbes escreve uma obra – *Elementos de Lei Natural e Política* – para ser usada como uma espécie de programa pelos amigos e partidários nos debates parlamentares[40]. Temendo por um conflito que pusesse fim à já combalida paz interna, ele

---

39. Cf. TUCK. Op. cit., p. 41.

40. Id., p. 40.

defende a unidade do Estado em torno do monarca, em que a soberania absoluta não dá chances de divisão entre governo e sociedade. O parágrafo 8 do capítulo XXVII dos *Elementos*, em sua segunda parte ("De Corpore Politico"), determina que os súditos só possuem propriedades pela virtude do poder soberano e que a ideia de posse contra ele fora contestada quando se provou o absolutismo da soberania[41]. Hobbes demonstra os fundamentos dessa soberania nos parágrafos 12, 13 e 17 do capítulo XX e em todo o capítulo XXIV da mesma obra[42].

Há uma razão para tal. Nos últimos anos do reinado de Carlos I discute-se muito a respeito de seu absolutismo. O texto hobbesiano, que surge como uma forma de auxílio para a solução do problema, é nitidamente pró-realista. O curto parlamento de abril de 1640, porém, é dissolvido pelo rei; nos dias que se seguem o filósofo assina uma epístola dedicatória dirigida a seu patrono, o conde de Newcastle. Nela, Hobbes apresenta seu trabalho como fundamentação científica única e verdadeira, pois teme que, sem ela, governo e paz conduzam nada

---

41. Cf. HOBBES. *Elements of Law Natural and Politic*. Parte II, cap. xxvii, § 8, 1994, p. 168. Cf., igualmente, a edição em língua portuguesa in: *Elementos de Direito Natural e Politico*, cap. viii, § 8, s/d., p. 219.

42. *Elements*. I, xx, 12, 13 e 17; xxiv, p. 113-114, 116-117 e 135-141. • *Elementos* (ed. portuguesa). I, p. 149, 151-153; V, p. 179-185.

mais do que ao temor mútuo[43]. Ora, o que Hobbes argumenta é que a existência da soberania depende da submissão dos direitos dos súditos a ela. A obra circula amplamente em cópias manuscritas e suscita discussões sobre o autor. Adicionalmente, numerosos membros da aristocracia que apoiam o rei são executados pelo parlamento.

Segundo o próprio Hobbes, ele havia se aventurado a escrever em defesa do rei. Suspeitando que seus escritos pudessem ser usados contra ele, exila-se na França – o primeiro de todos a fugir, confessa em um breve relato escrito na terceira pessoa[44]. Em Paris publica o *De Cive* em 1642 e *O Leviatã* em 1651, na Inglaterra. Ameaçado pelos realistas franceses que julgam que o livro repudia tudo quanto ele defendera antes, retorna ao Reino Unido nesse mesmo ano quando se dedica, outra vez, às duas primeiras partes de sua filosofia natural e escreve mais uma obra política sobre a guerra civil: o *Behemoth*. Em 1675 deixa Londres; passa o resto da vida no campo, em Hardwick, onde morre em 3 de dezembro de 1679. Suas obras revelam, em parte, suas ideias e visão de mundo, que vão tentar transmitir ao leitor que mistérios esconde o autor.

---

43. *Elements*, p. 19-20. • *Elementos*, p. 5-6.

44. HOBBES. "Considerations Upon the Reputation, Loyalty, Manners, and Religion of Thomas Hobbes". In: *The Collected English Works of Thomas Hobbes*, vol. IV, 1840 [Reprint de 1997], p. 414.

Não creio que a mudança de planos quanto à sequência da explanação de sua filosofia oculte algum segredo. Não confessa o filósofo que a última parte não depende da primeira? E se fosse apenas um fragmento da verdade? E se o *De Homine* já avança em suas locuções em tal porte que socorre a política no esforço do filósofo em desvendar o mal da guerra a partir da natureza humana? Óbvio está que os *Elementos*, em sua primeira metade, cumpre com a sua proposta. O que dizer, porém, da hipótese levantada por Bernard Gert de que os últimos seis capítulos do *De Homine* – X a XV – "proporcionam uma consideração sobre a natureza humana que serve como introdução a sua filosofia política e moral, adiantada no *De Cive?*[45]

No fim das contas parece-me, seja qual for o efeito produzido pela oposição entre começo e término dos estudos, que entre o céu e a terra nada permanece em vão na troca das polaridades. O certo é que, com pouca ou razoável informação, na vida do filósofo inglês existem menos mistérios do que nossa inútil busca por desnecessárias revelações.

---

45. GERT. Id., p. 3.

Terceira lição

O homem que a história oculta
Entre o universal e o particular

Uma era de agitação. Assim costuma-se definir os tempos conturbados em que vive Hobbes quando escreve suas obras políticas[46]. Durante essa fase assiste à guerra civil que dilacera seu país, presencia a mudança de costumes de sua sociedade e nota a modificação da conduta do homem que emerge das entranhas da nova formação social. Vivencia os efeitos da evolução "do longo processo de transição do feudalismo para o capitalismo" do qual o Renascimento aparece como sua primeira etapa[47]. Naturalmente, Hobbes transita por um terreno que sofre uma trepidação capaz de perturbar a mente do indivíduo dividido entre o antigo e o moderno. Elementos remanescentes da sociedade feudal ainda podem ser observados. Orgulho, honra, dignidade e

---

46. FINN. Id., p. 15. • GERT. Op. cit., p. 1.

47. HELLER. *El hombre del Renacimiento*, 1980, p. 8.

categorias, que encontram no *status* relativa importância, manifestam certa evidência que embaraçam o pensamento daqueles que vagueiam entre o mundo medieval e o início da Modernidade.

Dessa contradição não escapa o filósofo, ainda que sua aguda inteligência permita-lhe desbravar uma espessa selva, cuja claridade entre a folhagem passa despercebida à maioria dos homens. O que não se pode chamar de inesperado. Em pouco menos de trezentos anos os especialistas não chegam a um consenso a respeito da *tendência dominante* do contexto econômico da época. A ausência de consenso não opõe obstáculos à concepção predominante do modo de produção desse período. As grandes cabeças pensantes do século XX percebem, nas reflexões que geram um acalorado debate sobre o tema na Europa e nos Estados Unidos, que a Inglaterra já dera um passo adiante do regime de servidão. O "espírito do individualismo" manifesta-se desde as primeiras décadas de 1700, e os *cercamentos* são defendidos sob o argumento de que "o bem individual concorre para o bem geral". Exorta-se a dignidade do trabalho e os deveres de uma jornada laboriosa[48].

Ao lado disso, mudanças começam a ser sentidas nas novas técnicas de trabalho têxtil[49]. O proces-

---

48. HILL. *Society and Puritanism in Pre-Revolutionary England*, 1986, p. 135.

49. HIRST. *Authority and Conflit – England 1603-1658*, 1992, p. 9-10.

so de comutação – prestações de serviço substituídas por pagamento em dinheiro – intensifica o uso da mão de obra assalariada da terra, e expande-se o mercado ultramarino de tecidos ingleses. Precipitado, no entanto, falar de um sistema especificamente capitalista. A economia feudal não fora totalmente destruída, muito embora a divisão do trabalho e o sistema assalariado indiquem a propensão para a formação social de um tipo diferente da anterior. A venda da força de trabalho – denominação que só será formulada duzentos anos mais tarde, a despeito de sua situação embrionária – demonstra que os objetos tomam forma de mercadoria, inclusive o ser humano.

Que não se exagere nas leituras dos sintomas econômico-políticos de tipo ideal. Um modo de produção, por exemplo, não é um sistema dotado de uma efetividade plena "imediata". Até o estabelecimento de sua completa instauração mantém resíduos do discurso obsceno de si mesmo: o outro imperfeito, seu antecedente. Por isso, nenhum regime transitório contém, em si mesmo, senão sua própria "tendência". Obviamente, a Inglaterra de Carlos I não é um sistema de *laisser-faire*, mas oferece perceptíveis sinais de acirrada competição, cuja descrição nota-se claramente nos escritos de Hobbes. O filósofo parece tomar conhecimento desse novo tipo de formação social. Esta, porém, se apresenta às suas vistas como uma tênue névoa;

não consegue entendê-la, rigorosamente, como mudança de uma época à outra. Ele não imagina, honestamente, que todos os fenômenos que observa sejam produtos de uma sociedade determinada. Para ele, *a guerra de todos contra todos* é fruto da própria natureza humana que persegue os indivíduos desde a mais remota antiguidade.

Na verdade, Hobbes deixa-se influenciar pelo relato que faz Tucídides da Batalha da Córcira em sua *Guerra do Peloponeso*, e atribui à natureza humana uma universalidade extraída da própria introspecção. Contudo, não deixa de levantar problemas que, consciente ou involuntariamente, saca da experiência histórica. É bastante improvável que sua descrição do *homem novo*, acumulador de riqueza, e inclinado a um infindável desejo de poder, assumisse o aspecto mercantilizante caso não tivesse a sua frente o indivíduo que busca superar seu semelhante por meio da concorrência e do ardil monetário, características indiscutíveis de uma sociedade produtora de mercadorias[50].

Grosso modo, a investigação de Hobbes sobre as relações humanas se desenvolve em torno daqueles que têm como profissão a atividade comercial. Seu foco – alusão que remeto, aqui, à recusa

---

50. Discuti esse problema de forma mais detalhada, e com algumas variantes, no artigo Hobbes e a Razão Pública. Um estudo sobre as origens do Estado do Bem-Estar Social. *Revista Perspectiva Filosófica*, 2006, p. 59-60. Cf. tb. meu livro *À sombra do Estado Universal*, especialmente os capítulos 3º e 4º.

hobbesiana à desmedida econômica da burguesia e não ao seu objetivo principal – são os comerciantes, os mercadores (*merchants*), cujo objetivo é o lucro privado e a única glória o enriquecimento, graças à arte da troca com fins lucrativos[51]. Na verdade, ele vê no trabalho, tanto como no homem, uma mercadoria a ser trocada por benefícios como qualquer outra coisa[52]. Significa a censura de Hobbes ao homem aquisitivo a confirmação de sua adesão aos encantos do cidadão aristocrático? Creio que não. Apesar da dinâmica moderna causar algum desconforto no filósofo, suas objeções não parecem rejeitar, *in totum*, o estilo de vida da sociedade nascente.

Admite que a felicidade é um contínuo avanço (*progresse*) do desejo de um objeto para outro, em que a obtenção do primeiro é nada menos que um passo para a aquisição do segundo, além de que esse contínuo prazer não consiste em se sentir próspero, mas na busca da prosperidade[53]. Nosso autor parece compartilhar, assim – como se verá no penúltimo

---

51. Hobbes diz: "tornarem-se excessivamente ricos em função da sabedoria da compra e da venda" (*to grow excessively rich by the wisdom of buying and selling*). Cf. BEHEMOTH. In: *English Works*, vol. VI, 1840, p. 330-331. Cf. tb. a edição brasileira do *Behemoth ou O longo parlamento*, 2001, p. 178.

52. HOBBES. *Leviathan*, cap. X e XXIV, 1985, p. 151-152 e 295. Cf. tb. a edição brasileira do *Leviatã*, 1974, p. 58 e 155.

53. *Leviathan*, cap. X., p. 160. • *Leviatã*, p. 64. • *Elements*. I, vii, 7, p. 45. Ed. Port. I, vii, 6, p. 52.

ensaio deste livro –, a visão moderada de seus futuros correligionários de ideologia, os liberais sociais do século XX; acredita na viabilidade do mercado, mas combate seus excessos. É precisamente o descontrole das paixões que conduz o sujeito a entrar em atrito com os demais. Como pode Hobbes aceitar, pacificamente, a avidez e cupidez do comerciante inglês? Em última instância, esse inesgotável anelo de acumulação de riqueza por meio da competição, transformando bens em lucro e a própria força de trabalho em mercadoria, dificilmente seria visível numa sociedade que não houvesse superado, em grande parte, sua condição de *status*.

Consequentemente, a concepção de mundo de qualquer pensador tende a vincular-se ao modo de encarar seu próprio tempo. Em outras palavras: suas ideias podem guardar o fantasma do princípio universal, mas dependem, primordialmente, do contexto em que vive – sua experiência cotidiana –, mesmo que não possua uma consciência clara desse fato. Esta é, provavelmente, a circunstância que envolve o cenário esboçado por Hobbes. Crê no que pensa intuir por meio da introspecção (*locus* em que encerra a universalidade natural do homem); desvela, contudo, os hábitos do indivíduo e sociedade que existem na prática. Enfim, o que enxerga o filósofo nessa prática? Qual a sua natureza, o que ele descortina e o que o aflige? Qual, então, sua *realidade*, seja ela próxima ou remota? Em que mundo se oculta o cidadão hobbesiano?

Quarta lição

De que natureza...

Evoco, em termos de paráfrase, o título de um livro onde Derrida concede entrevista à psicanalista francesa Elisabeth Roudinesco, que, por sua vez, o toma de empréstimo a uma obra de Victor Hugo. O romancista francês compõe um conjunto de poemas ao qual dedica, a um deles, um nome bem apropriado à miserável situação de seu tempo: "De que amanhã se trata?" Apenas que, para Hobbes, o amanhã pode ser tarde. O erudito de Malmesbury transpira incredulidade e medo. Não é ele um homem de "coragem feminina", um dos primeiros a fugir para o continente ao simples sinal de que um mau tempo ameaça conturbar a Ilha?[54] Presume o conflito antes de sua eclosão. Antecipa a batalha em um par de anos. Antes de a guerra civil explodir, já estava longe.

---

54. Cf. *Leviathan*, cap. XXI, p. 270. • *Leviatã*, p. 138. Um belo texto sobre isso pode ser visto no terceiro capítulo do livro de Renato Janine Ribeiro: *Ao leitor sem medo*, p. 79-104. Trata-se do problema do medo da morte violenta.

A sua obra *Elementos de Lei Natural e Política* anuncia, com antecedência, o estado de natureza. Hobbes acaba de explicitar, nesse ensaio, em que consiste a liberdade natural do homem, isto é, como os indivíduos vivem quando não há um senhor comum para mantê-los sob tutela: "é o estado de guerra". Com efeito, para ele "a guerra nada mais é do que o tempo em que a vontade e a intenção de lutar pela força são suficientemente declaradas pelas ações ou pelas palavras; e o tempo que não é a guerra é a paz"[55]. Vale lembrar – ainda que sumariamente – que Hobbes abandona o que seriam as duas primeiras partes de seu sistema filosófico para dedicar-se a este livro, o primeiro em que expõe sua ciência política.

As linhas fundamentais da teoria de Hobbes já estão delineadas nesta obra, inclusive sua opinião sobre a natureza humana, as leis naturais, o medo da morte e a esperança e, sobretudo, a necessidade de perseguir a paz. O que explica, então, o motivo pelo qual o filósofo registra, na conclusão de *O Leviatã*, que escreve este livro "ocasionado pelas desordens dos tempos presentes?"[56] Nos *Elementos* Hobbes não faz menção a uma forma de guerra em particular, especialmente uma guerra civil em

---

55. *Elements*, I, xix, 11, p. 80. • *Elementos*, II, i, 11, p. 102.

56. *Leviathan*. Revisão e Conclusão. p. 275. • *Leviatã*, p. 414.

solo inglês. Tudo indica que ele teme algum tipo de combate, desavenças, ou, até mesmo, um choque armado entre forças fiéis ao rei e aqueles que apoiam o parlamento. Em última análise, a disputa entre ambos os lados pode levar à colisão fatal: o desastre fratricida. É antes de qualquer coisa, porém, a tensão que preocupa Hobbes. Inegavelmente, a catástrofe pode nascer da pressão que domina o ambiente político. O vigor dos desejos, o ardor das paixões, a concorrência mercantil, tudo contribui para um desenlace sem precedentes, em que a ambição e a vontade de poder concorrem para um resultado que lança, no jogo das emoções, irmão contra irmão. A morte, notadamente a morte violenta, é inevitável. Contudo, não é necessariamente "essa guerra" da qual fala Hobbes.

Pretende, no *Leviatã, confirmar*[57] o que já deduzira em suas reflexões sobre as paixões. Em seu texto capital defende a identificação das paixões, "que são as mesmas em todos os homens, *desejo, medo, esperança* etc." É suficiente lê-se a si mesmo (*Nosce teipsum*) para tirar suas próprias conclusões. O que faz quando empreende uma viagem?

---

57. No Prefácio ao *Do Cidadão*, p. XX, Renato Janine comenta que Hobbes "escreve três tratados sucessivos, cada um dos quais pretende ser uma retomada mais completa do anterior. Ele se refere à outra trilogia, a política, que, no cômputo geral, é quase um único livro aperfeiçoado a cada período histórico: *Elements of Law, De Cive* e *Leviathan*.

Arma-se ou procura companhia. E quando vai dormir? Fecha suas portas e, mesmo estando em casa, cerra seus cofres e gavetas. Acusar filhos, servidores, toda a humanidade; eis o significado de seus atos. Encontra-se em constante guerra contra todos. Hipotética, é verdade, mas é a atitude que predomina nas sociedades[58].

Em resumo, o filósofo tem em mente um desafio mais amplo, mais geral; pressupõe uma conjuntura que mantém a todos em permanente risco. Imagina um mundo em que o homem peleja com ele próprio e com os demais semelhantes, numa condição perpétua de guerra que só termina com a morte ou a paz. Sua opção é claramente pela segunda, não obstante seu suposto pessimismo em relação à natureza humana – precisamente o motivo que impele os indivíduos a esse estado de coisas. Normal, em condições de igualdade, assegura Hobbes. Antes de sua versão acabada, divulgada em 1651, anterior à deflagração da guerra civil em seu país, os *Elementos* adiantam seu ceticismo em relação a essa igualdade natural.

> Se é possível observar que o direito que temos de nos proteger pela nossa própria prudência (*discretion*) e pela nossa força, procede do perigo, e que o perigo advém

---

58. Cf. *Leviathan*. Introdução, p. 88-83 e cap. XIII, p. 186. • *Leviatã*, p. 10 e 80.

> da igualdade entre as forças dos homens, existem muito mais razões para que o homem previna tal igualdade antes que o perigo chegue e antes que a batalha se torne necessária[59].

Em *Do Cidadão*, Hobbes amplia os argumentos e desenvolve, em maiores detalhes, o conceito de natureza humana. Esclarece, mais circunstanciadamente, as causas pelas quais o sujeito sente-se angustiado e temeroso quando os parceiros convivem em igual situação. Supõe que "a natureza deu a cada um o direito a tudo" quando "num estado puramente natural". Legítimo, portanto, cada um fazer o que bem entender: "possuir, usar e desfrutar tudo o que quiser ou puder obter". Ora, muitos têm, ao mesmo tempo, o desejo pelo mesmo objeto, embora, com frequência, não possam dele se beneficiar, sequer dividi-lo[60].

Engana-se, porém, quem espera de Hobbes uma visão inteiramente pessimista do homem. Deveras, ele funda sua hipótese sobre a natureza humana na "má índole" da boa parte dos indivíduos, mas evita generalizações. Nem todos podem ser acusados de uma "maldade intrínseca". Ele acredita na boa-fé de muitos. Os perversos são inferiores aos justos

---

59. *Elements*, I, xix, 13, p. 80. Cf. ainda os parágrafos 10 e 11.
• *Elementos*, I, i, p. 102, 103.

60. *Do Cidadão*, I, i, 6 e 10, p. 34-37.

em número. No entanto não temos como distingui-los. Daí "a necessidade de suspeitar, de nos acautelar, de prevenir, de nos defender, necessidade esta que afeta até os mais honestos e de melhores condições"[61]. A sentença "natureza humana pessimista" deve ser aplicada, assim, com certa reserva. Mais que uma *antropologia,* o pensamento de Hobbes é *relacional.* Nem todos são maus, repete ele mais adiante[62].

O grande problema para Hobbes é a incerteza, causada pela insegurança da motivação humana. Por desconhecer o pensamento alheio, o outro se antecipa. Opinião compartilhada com Tuck. Não pensa que, para Hobbes, querem "ferir os outros *simplesmente por feri-los*; eles desejam ter poder sobre os outros, é certo, mas apenas para assegurar sua própria preservação. Como no estado de natureza a instabilidade é uma realidade – a igualdade transforma o outro num inimigo em potencial (não se sabe o que ele pretende) –, a antecipação é o remédio adequado à doença da incerteza. A agressão justifica o direito da autodefesa. Depende exclusivamente "de *minha* avaliação da situação"[63]. Entra em cena a subjetividade humana. "Para compreen-

---

61. Id. Prefácio do autor ao leitor, p. 17.

62. Id. I, ii, 11, p. 51.

63. Cf. TUCK. *Hobbes*, p. 75 e 79.

der o que são nossas paixões, é preciso conhecer as circunstâncias que as determinam"[64].

O que importa, para ele, é o resultado final. Os "bons" sofrem as consequências das ações daqueles que se predispõem para a perversidade. A desconfiança é – tanto quanto a competição –, por isso mesmo, uma das principais causas da guerra[65]. Não só da guerra, mas pelo fato de que, devido à intensa dificuldade de convivência, os homens não tiram prazer da companhia dos outros[66]. É o litígio aparente – viável, mas não definido – que atormenta o filósofo. A isso ele denomina de "condição natural da humanidade". O que significa essa expressão para Hobbes?

---

64. LIMONGI. *Hobbes*, 2002, p. 20.

65. *Leviathan*, XIII, p.184-185. • *Leviatã*, p.78-79.

66. Id., XIII, p. 285. • Ed. bras., p. 79.

Quinta lição
A guerra que não há

A condição natural ou estado de guerra não é uma frase que se lê literalmente. Trata-se de uma "hipótese da razão", uma construção lógica, para exprimir uma situação em que os homens viveriam se não houvesse um senhor comum para subjugá-los[67]. Não é preciso recorrer aos acontecimentos que se desenrolam na Inglaterra entre 1642 e 1649 para que o filósofo inglês os justifique na conclusão de *O Leviatã*. Esta ideia, avançada nas páginas precedentes, antecede-o conforme exposta nos *Elementos*, ou como ele a generaliza sob a inspiração de Tucídides. Hobbes não concebe o estado de guerra como um campo de batalha entre facções ou mesmo indivíduos. Eventualmente pode até ocorrer, mas está longe de uma leitura ligeira e mecânica, de algo que se encontra plenamente diante dos olhos, como uma fogueira em chamas a devorar fantasias que se transformam em terror indepen-

---

67. *Leviathan*, cap. XIV, p. 185. • *Leviatã*, p. 79.

dente de provas. A concepção de estado de guerra que ele remete ao leitor é mais abrangente. Abordo esse tema detalhadamente em outro lugar[68]. Não tenho, porém, condições de repeti-lo neste espaço. Apenas adianto que, para Hobbes, como demonstra a metáfora do clima, guerra não consiste no ato de lutar, mas no espaço de tempo em que a vontade de travar combate é conhecida, do mesmo modo em que a noção de mau tempo não consiste na chuva em si, mas numa tendência para tal que pode durar dias seguidos[69].

De onde ele extrai essa suposição que chama de condição natural ou estado de natureza? Em que pese sua larga difusão, é um termo que Hobbes pouco usa e, praticamente, abandona-o no *Leviatã*. Por umas poucas vezes, no *De Cive* recorre à terminologia para demonstrar "a condição dos homens fora da sociedade civil", onde todos têm igual direito[70]. A literatura que se move em torno desse conceito garimpa um terreno que oscila entre o "verbo" real e a linguagem simbólica. Dificilmente alguém questionaria, hoje, o sentido emblemático que Hobbes empresta ao estado de guerra. Seus

---

68. Cf. MAGALHÃES. Op. cit., p. 103.

69. *Leviathan*, cap. XIII, p. 185-186. • *Leviatã*, p.79.

70. *Do Cidadão*. Prefácio do Autor ao Leitor, p. 18 e I, i, 11 e 13, p. 51 e 53.

comentadores são "virtualmente unânimes em caracterizar o estado de natureza como um conceito analítico, e não histórico", estima Ashcraft em estudo sobre o homem natural de Hobbes[71]. A resposta está com o próprio filósofo. É fácil recordar suas incursões campo da história. Ele próprio põe em dúvida a existência do estado de natureza. Ilustra seu discurso sobre o assunto com uma vaga referência aos indígenas americanos:

> Pode-se porventura pensar que nunca houve tal tempo, nem condição de guerra como esta; e acredito que jamais foi geralmente assim no mundo inteiro (*over all the world*); mas existem mais lugares onde ainda se vive assim.

E cita alguns povos da *América*[72]. Reafirma o sentido figurado de suas palavras em trabalho de menor vulto, nem por isso desprovido de valor: "É verdadeiramente provável que, desde a criação, jamais tenha havido um tempo em que a espécie humana vivesse totalmente sem sociedade. Se não havia leis e governos em algumas partes, em outras

---

71. Cf. ASHCRAFT. *Hobbes's natural man*: A Study in Ideology Formation *The Journal of Politics*, vol. 33, n. 4, 1971, p. 1.086-1.087.

72. *Leviathan*, XIII, p. 187. • *Leviatã*, p. 80. Hobbes retoma, aqui, a formulação que define, há quase uma década, em trabalho anterior: "Os índios da América nos dão bom exemplo disso, mesmo nos dias atuais [...]". Cf. *Do Cidadão*, I, i, 13, p. 39.

o estado podia existir"[73]. Comprova-se, dessa forma, a intenção do autor. Assinala o que seria um estilo de vida (*manner of life*) sem um poder comum a temer. Em outras palavras, o estado de natureza (ou estado de guerra) representa um gênero de vida em que as paixões encontram-se fora de controle. A guerra é uma dessas formas de desmedida, ao lado do desejo. Não explora Hobbes este filão ao limite, quando define que não ter desejo é o mesmo que estar morto?[74] Ele atinge um espectro de amplo alcance. Reproduz uma sociedade sem governo, anárquica, onde os indivíduos se batem ferozmente até a morte. Aliada à fertilidade da imaginação – mas a partir de uma inferência empírico-histórico e racional – deduz uma situação "comum" que engloba toda a humanidade. Suficiente voltar-se para si mesmo e ver no outro o que reconhece ser a conduta geral de todos os homens. O alvo que se mira na Quarta Lição é exatamente a circunstância que direciona as pessoas a esse estado nebuloso. Como explica Hobbes, o caminho que a humanidade toma para chegar a essa condição é algo que nem ele próprio se dá conta em sua inteireza. O quadro que tem em mente faz parte da memória histórica por ele assimilada e tornada universal. Tem ciência de que

---

73. HOBBES. "Liberty, Necessity and Chance". In: *English Works*, vol. V, p. 183.

74. *Leviathan*, VIII, p. 139. • *Leviatã*, p. 50.

a ambição, o desejo de poderes, a desconfiança e outras paixões não são novas.

Tradutor de Tucídides, deixa-se impressionar pelo retrato que faz o historiador grego dos sangrentos combates ocorridos na Antiguidade. A narrativa das batalhas parece tê-lo inspirado a ver em seus efeitos os mesmos conflitos de sua época. Não há, portanto, em seu modo de julgar, diferença essencial entre o homem antigo e o moderno. A introspecção atesta a semelhança das paixões. Hobbes tem, então, suas razões para acreditar na eternidade da natureza humana. Não há qualquer indício, portanto, de que ele confina a conduta do homem a uma sociedade encarcerada em algum lugar e época precisos da história. A morte como ausência do desejo, por exemplo, é válida em qualquer circunstância, tanto para o cidadão antigo como para o moderno[75].

Uma aporia, entretanto, destaca-se entre as linhas do texto hobbesiano. Indiscutível o ponto de partida da teoria do pensador inglês: a aparente generalização da conduta humana em todos os tempos. Simultaneamente, é improvável que dessa leitura extremamente generalizada ele tire *todas* as consequências que envolvem o conteúdo de sua concepção econômica e político-social. Hobbes

---

75. *Leviathan*, cap. VIII, p. 139. • *Leviatã*, p. 50.

não tem condições de chegar a várias de suas conclusões sem encontrar, na sociedade de sua época, as respostas que procura. Atribui qualificações aos homens de sua sociedade incompatíveis com as ações dos indivíduos das velhas sociedades. Revela essa contradição que não é senão nas formações sociais do século XVII que ele encontra inspiração para a sua formulação teórica.

Os preceitos, estabelecidos para compor o princípio do estado de guerra, surgem verdadeiramente da concepção da natureza humana vista unilateralmente, mas não isolada da base material a que ela mesma está sujeita: as relações sociais predominantes no nascente regime capitalista. O mercado, com sua violenta e cruel competição – como visto no capítulo terceiro –, alimenta a *desleitura* hobbesiana da conduta humana e sua condição natural. Sob este modo de vida, argumenta Hobbes, não há lugar para a indústria (*Industry*)[76]. Em suma: "Não há sociedade, e o pior de tudo, um medo constante e o perigo de morte violenta. E a vida do homem é solitária, pobre, vil, brutal e curta"[77]. O que Hobbes quer indicar – diz Maria Izabel Limongi – é que uma sociedade cuja ordem é firmada em torno de valores como honra e reputação – mas também

---

76. Termo em inglês que designa uma atividade útil, trabalho.

77. *Leviathan*, XIII, p. 186. • *Leviatã*, p. 80.

baseada em desconfiança e concorrência – é uma sociedade em estado de guerra iminente, quer dizer, sem estabilidade política. No íntimo ele tem consciência de que um fato que se repete frequentemente na história – prova irrefutável da perenidade da natureza humana – deve ser objeto de cuidadosa atenção por parte do observador[78].

Só assim ele pode chegar à conclusão de que os homens alcançarão a paz somente se as paixões forem controladas e os indivíduos se deixarem submeter a um poder comum. Jamais esquecer que longe está, da estratégia de Hobbes, fundamentar o poder numa ditadura. Cultiva a certeza de que o comportamento humano é controlável, mas não na realidade de seu tempo. Preferiu-se – acusa ele –, ao invés de trazer alguma luz ao entendimento, confirmar [os fatos] com a "retoriquice" do discurso[79]. Fica a impressão que lança a esperança para o futuro, descoberta "no princípio didático do ensino". O discurso que pronuncia no *De Cive* confere essa perspectiva: a busca da felicidade, da paz e do fim do medo ocorre "pela educação", papel atribuído ao soberano.

Não espera uma paz imediata. As palavras finais da segunda parte do *Leviatã* dão a entender,

---

78. Cf. LIMONGI. *Hobbes*, 2002, p. 22-24.

79. Cf. Epístola Dedicatória. *Do Cidadão*, p. 7.

sutilmente, que ele não tem esperanças de ser ouvido no seu tempo: "O maior de todos os bens – como são chamados a felicidade e o fim último – não pode ser alcançado na vida atual"[80]. Carece de esperar que um soberano (consequentemente homem público e leitor de sua obra) transforme em utilidade pública suas especulações. No Behemoth exprime seu ceticismo quanto a uma paz a curto prazo: "Jamais teremos uma paz duradoura enquanto as universidades não tiverem sido, de alguma maneira, reformadas"[81]. A espera, contudo, não faz a hora; é preciso acontecer. Impossível permanecer ao sabor dos eventos incertos. Necessariamente, o homem tem que sair desse dilema. Traçar o caminho: eis a proposta.

---

80. Cf. HOBBES. "De Homine". In: HOBBES. *Man and Citizen*, 1993, p. 53.

81. Cf. *Leviathan*, XXXI, p. 408. • *Leviatã*, p. 222. • "Behemoth". In: HOBBES. *English Works*. VI, p. 237. • *Behemoth ou O longo parlamento*, 2001, p. 98.

Sexta lição

Contrato e Estado
As paixões domesticadas

Obcecado pela ideia de desagregação da sociedade, cedo o filósofo compreende que o único meio de se obter a paz é regular as ações humanas. Proposição que se aproxima do receio. Comportamento típico da dominação totalitária. Terror que não se justifica. Refuta-se, com temor, o plano de Hobbes. Regular não é reprimir, mas controlar o exagero, o desmando das paixões. A fórmula que se sugere exige um organismo coercitivo, um projeto artificial que Hobbes chama Estado (Common-Wealth ou State) ou *Civitas* (em latim)[82]. Um paradoxo, à primeira vista, sobe à superfície. Até que ponto a coerção, atributo inerente a todo Estado, não combina com repressão? A resposta de Hobbes está no modelo esculpido que dá origem à organização estatal. Sua força motriz encontra-se num contrato forjado pelos indivíduos singulares devido ao medo da morte

---

82. HOBBES. Introdução, p. 81. • *Leviatã*, p. 9.

violenta e da dissolução da sociedade; medo provocado pela igualdade natural. (Acrescento – o que se verá mais tarde – que nele estão implícitas as relações sociais travadas pelos homens sob o pantanoso mercado do sistema capitalista.) Esse contrato requer a renúncia de certos direitos em favor de um poder comum em troca de segurança. Não implica, esta renúncia, um ato de opressão, à medida que a delegação dos poderes ao cidadão escolhido (o governante) possui a aprovação da maioria por meio de uma eleição pública.

Um parênteses, antes de prosseguir a explicação da sugestão de Hobbes, serve para ilustrar a tese da renúncia como um ato "democrático" proveniente da vontade do povo. Uma leitura de Renato Janine permite uma interpretação alternativa a alguns comentários que invadem o território da teoria hobbesiana com as armas da ditadura. Hobbes concebe o contrato pelo ângulo invertido, do presente para a origem, como se encontra no *Leviatã*: "É como se cada um dissesse a cada homem, *cedo e renuncio* o meu direito de governar a este homem ou a esta assembleia de homens [...]"[83]. Inversão que implica, antes de mais nada, a participação de cidadãos numa sociedade, que, finalizando as ações belicosas "atuais", retornam à ideia de início, numa

---

83. *Levitahan*, cap. XVII, p. 227. • *Leviatã*, p. 109.

ficção do intelecto de um estado que o mundo não conheceu. Fechando os parênteses, a eleição hobbesiana retoma sua direção. O soberano não é um usurpador. Eleito pela vontade popular, passa a representá-la com toda sua legitimidade. A solução de Hobbes para definir a escolha do governante é nítida: "A única maneira de instituir um tal poder comum [...] é conferir toda sua força e poder a um homem, ou a uma assembleia de homens, que possa reduzir suas diversas vontades por uma pluralidade de votos (*plurality of voices*) a uma só vontade"[84].

O contrato – entenda-se – "é produto de um ato voluntário"[85]. Por meio dele os homens se comprometem reciprocamente a submeter seus interesses a uma única pessoa (tornada uma realidade jurídica) com poder para decidir acerca de todos os assuntos relativos à segurança e à paz. Institui-se, assim, o Estado[86], a causa final, o objetivo (*End*) e o desígnio dos homens, cuja restrição não é outra coisa que o desejo de cuidar da própria preservação e de uma vida mais confortável[87]. Esse Estado, na verdade, já existe. Como lembra ainda Limongi, trata-se de um "contrato suposto". Hobbes não afirma que, em

---

84. *Leviathan*, XVII, p. 227. • *Leviatã*, p. 109.

85. LIMONGI. Op. cit., p. 27.

86. Id., p. 28.

87. *Leviathan*, XVII, p. 223. • *Leviatã*, p. 107.

um determinado momento da história, um contrato é, realmente, assinado. Sua intenção é criar uma atmosfera de paz, ao mesmo tempo em que ensina que numa sociedade todos devem obedecer ao poder do Estado como se ele tivesse sido fundado a partir da origem, isto é, do contrato[88]. Compreende-se que Hobbes sugere a necessidade de uma obediência como um dever ou obrigação. Chamo atenção para o fato de que há uma concordância a respeito dessa categoria hobbesiana. Existe uma obrigação política na teoria de Hobbes, cuja fonte é o contrato. Não importa se há uma ruptura com o direito divino ou continuidade com o modelo anterior, segundo avaliação de Thamy Pogrebinschi.

A questão inicial para a abordagem do objeto que aqui se discute é que o Estado, de acordo com o critério apresentado pelo filósofo, consolida sua criação de forma legítima, e consensual, o que admite a própria autora citada[89]. Hobbes sela a noção de consentimento no capítulo XVIII de *O Leviatã*: "Em terceiro lugar, se a maioria do povo aprovou consensualmente através do voto (*by consenting voices*), a escolha de um soberano, aquele que discordou de sua eleição deve, a partir desse momen-

---

88. Cf. Id., p. 29.

89. Cf. POGREBINSCHI. *O problema da obediência em Thomas Hobbes*, 2003, notadamente as p. 149-155.

to, aceitar a decisão do resto"[90]. Não estranha que muitos reconheçam em nosso autor o fundador do conceito de representação, e com isso ele pavimenta a concepção do sistema representativo moderno. Sua "confusa clareza"[91] não deixa, em certo sentido, de nos incomodar. Mais de um intérprete sinaliza para certas ambiguidades, no texto hobbesiano, relativas ao contrato. Procedem essas críticas de um possível deslize perpetrado pelo *Scholar* de Oxford, a respeito da "confiança" entre os contratantes no instante de realizar o pacto. Sabe-se que Hobbes coloca em dúvida as palavras daquele que primeiro se arrisca a transmitir aos outros o objeto do contrato sem a certeza de que a contrapartida será cumprida. Conhecida a célebre proclamação de que "pactos sem espadas não são senão palavras sem força (*Strenght*) que não oferecem segurança absolutamente a ninguém"[92].

Assim, indaga Tuck, a questão é tão somente: O que pode motivar alguém, no estado de natureza, a ser a primeira pessoa a cumprir sua palavra? Para Tuck, o próprio Hobbes parece dizer que não há motivo racional para fazê-lo. Nada garante que o outro cumpra depois. Permanece, portanto, o

---

90. *Leviathan*, XVIII, p. 231. • *Leviatã*, p. 112.

91. Cf. a polêmica levantada por Pennock, Wannender e Plamenatz no artigo de Sorgi citado (p. 313) na primeira lição deste livro.

92. *Leviathan*, cap. XVII, p. 223. • *Leviatã*, p. 107.

enigma: Como é possível o contrato social? Não há resposta simples para essa pergunta, reconhece Tuck, e sugere que Hobbes encontra dificuldades no tocante a isso[93]. Enigma que é levado ao extremo quando se alcança o limítrofe terreno da imaginação; antecipação do "admissível" conceito de Poder Constituinte que, a despeito de contrapor-se ao contrato hobbesiano, ali está, ambiguamente introduzido. Apesar da desconfiança de uma multidão sem freios, as leis da natureza oferecem uma chance – ainda que frágil – ao poder democrático do povo:

> Pois se nos coubesse supor uma grande multidão (*Multitude*) de homens com a capacidade de consentir na observância da justiça e outras leis da natureza, sem um poder comum para manter a todos em um poder respeitoso, poderíamos supor, do mesmo modo, que toda a humanidade poderia fazer o mesmo. Não haveria, então, nem seria necessário, qualquer governo civil ou Estado, à medida que o advento da paz dispensaria qualquer submissão[94].

Fugidia quimera de Hobbes pudesse viver, a humanidade, à margem do controle das paixões. Outro é o percurso de Ryan, que encontra a "rota

---

93. TUCK. Op. cit., p. 89.

94. *Leviathan*, XVII, p. 225. • *Leviatã*, p. 108.

de escape" no problema moral. Igualmente Tuck percebe o problema que Hobbes havia posto e compreendido – para si mesmo. Acredita o filósofo que há um aspecto moral no princípio da obrigação, uma vez que as leis da natureza nos obrigam, *in foro interno*. No fundo elas exigem que a pessoa que faz o contrato deve estar comprometida em realizar a sua parte do acordo[95].

Entende-se o raciocínio de Hobbes. Se o contrato é o instrumento que obriga o homem a sair do estado de natureza, deve existir o mínimo de racionalidade que o compele para este objetivo. Uma racionalidade que sussurra aos ouvidos dos futuros eleitores (ou contratantes) que eles não podem prosseguir pela estrada da desmesura. Moderar o desejo, limitar o anelo da acumulação. Este é um passo decisivo para o equilíbrio entre *pathos* e *ratio*. Domesticar as paixões. Só assim a trajetória para a obtenção da paz está assegurada. Deposita, dessa maneira, suas esperanças nas leis da natureza. São elas que fundamentam o contrato como instrumento para sair da condição natural. A paz é, necessariamente, a materialização da concepção moral da sociedade civil.

---

95. Cf. RYAN. Op. cit., p. 276-278.

Sétima lição
Paz: um projeto ético

A leitura da obra de Hobbes e de seus intérpretes mostra, até o momento, uma preocupação do filósofo com a condição do homem numa sociedade conflituosa, sujeita a calamidades político-sociais e econômicas, e com forte propensão a uma guerra derivada da mesquinhez, da desconfiança e da competição. A tudo isso, repito, ele denomina estado de guerra ou estado de natureza. Os resultados produzidos por suas reflexões conduzem-no a um único caminho: a solução para os graves problemas que afligem a humanidade é a segurança do povo (*Salus populi*), cujo alcance torna-se possível exclusivamente com a obtenção da paz, e a única via é o controle das paixões por meio do contrato. É lógico afirmar, portanto, que Hobbes é um amante da paz. Não só da paz, mas também da vida confortável. Por que então ele é considerado, por alguns, como filósofo da guerra?

A proclamação bélica dos textos hobbesianos predomina sobre a leitura pacifista porque o filósofo prefere recorrer às "definições negativas do conceito"[96]. Que se folheie o sempre consultado capítulo XIII do *Leviatã* (mas também o *De Cive*). Depois de descrever o processo de guerra, ele acrescenta no final: "O tempo restante é denominado paz"[97]. Não esquecer, igualmente, que a paz, no pensamento de Hobbes, não elimina a possibilidade de guerra: "Que todo homem deve esforçar-se pela paz à medida que tenha esperança de alcançá-la, e se por alguma razão não conseguir, deve buscar – e usar – todas as ajudas e vantagens da guerra"[98]. É digno de nota o realce que Hobbes confere a esta citação. A parte inicial dessa regra, que "encerra a primeira e fundamental lei da natureza", é dedicada à busca da paz. A segunda parte contém, simplesmente, o direito de proteção. A guerra é defensiva. Essa preocupação persegue o filósofo a vida inteira; torna-se difícil – quase impossível – encontrar em seus escritos alusões à guerra como fenômeno positivo. Interpreta mal Piccarolo ao identificar o autor do *Leviatã* como o mais ferrenho defensor e iniciador da filosofia da guerra[99]. O estado de natureza, ao contrário, é um mal, e a paz um bem ou uma

---

96. PASQUINO. *Thomas Hobbes* – Stato di natura e libertà civile, 1994, p. 14.

97. *Do Cidadão*, I, i, 12, p. 38.

98. *Leviathan*, XIX, p. 190. • *Leviatã*, p. 82.

99. PICCAROLO. *A guerra e a paz na história*, 1944, p. 194.

coisa boa, opina Hobbes[100]. O inverso do estado de guerra. Eis por que não se pode permanecer nessa condição. Nele, o medo da morte é constante. A desconfiança, o princípio da agressividade e a competição, tudo constitui o motivo do conflito entre os homens. Hobbes sabe que uma coisa é certa: não é possível viver numa sociedade aterrorizada. Sua filosofia não se calca somente no medo da morte. Acompanha-lhe a esperança, porquanto os homens não querem apenas viver, mas viver de maneira confortável (*commodious living*)[101], ou viver bem sem homicídios e fome, segundo o juízo de Renato Janine[102]. Há, para ele, a crença de que uma força superior comum a todos os homens – a razão – não permite a continuidade dessa situação. E como se vê, é a formalização do contrato que forja a obrigação da renúncia de alguns direitos que impele o indivíduo a sair desse estado. Mas também não se desconhece que a formação do contrato, fundada na razão – "instrumento" indissociado das leis naturais –, sugere aos indivíduos a fuga de uma vida indigna e repugnante.

Deposita, Hobbes, suas esperanças nas leis da natureza. Imutáveis e eternas, elas atendem a um

---

100. *Do Cidadão*, I, iii, 31, p. 80-81. • *Leviathan*. Consultar todo o cap. XV. Id. para o *Leviatã*.

101. *Leviathan*, XIII, p. 188. • *Leviatã*, p. 81.

102. RIBEIRO. *Ao leitor sem medo*, p. 117.

preceito – ou regra geral – estabelecido pela razão, contendo uma norma fundamental que é a busca da paz – ou pelo menos sua perpétua perseguição. Indubitavelmente, a fonte da obrigação reside no contrato; mas só porque, em última análise, decorre da lei da natureza que "impõe" aos homens que devem cumprir os pactos celebrados (*that men performe their covenants made*)[103]. Explica-se por que as leis da natureza criam condições de paz. São elas que determinam o que um ser idealmente razoável faria se pudesse analisar suas relações com outros homens de modo imparcial levando em consideração as coisas que interessam a sua segurança. Vale notar que, para Hobbes, as leis da natureza ordenam *in foro interno*. Vistas por esse ângulo, não tem grande relevância se elas só adquirem validade por meio da vontade do soberano. Em última instância, são sugeridas pela consciência e todos estão moralmente obrigados a contrair obrigações jurídicas, pois é impossível qualquer lei da razão opor-se à lei divina.

A paz aporta entre nós por meio de normas legais. Só porque esse desejo é imposto pela lei natural; é ela que confere validade à lei positiva. Esta, porém, nem sempre tem um poder amplificador. Nos casos omissos, em que ela não regula,

---

103. *Leviathan*, XV, p. 201. • *Leviatã*, p. 90.

recorre-se à primeira. São leis que, por condicionar sua força interior e exterior ao contrato, fazem da obrigação, no pensamento de Hobbes, um problema moral centralizado no dever e na obediência. Duas formas de comportamento que conduzem o homem a uma paz duradoura. Afinal, tudo o que os homens conhecem, "através de sua própria razão e não pelas palavras de outros homens, deve estar de acordo com a razão de todos os homens, o que não pode acontecer senão com a lei da natureza"[104]. A expressão de Hobbes, "todos os homens", é uma universalização do sujeito e corresponde, consequentemente, à humanidade por inteiro. Uma moral universal rege, portanto, a filosofia hobbesiana.

Lei e moral coincidem. Mas até certo ponto. Cada uma, porém, tem seu próprio domínio: uma atua na esfera da obrigação moral; a outra age no campo da imposição legal. Prevalece, contudo, a ação da lei moral que é uma lei superior e fornece, portanto, um critério para a validade da lei feita meramente pelo homem. Assim, ir de encontro à obrigação que emana dessa lei é o mesmo que violar os preceitos da razão. De resto, "jamais se pode aceitar que a guerra possa preservar a vida e a paz destruí-la"[105].

---

104. *Leviathan*, XXVI, p. 318. • *Leviatã*, p. 168-169.

105. *Leviathan*, XV, p. 215. • *Leviatã*, p. 98.

Não é casual que ele feche esse capítulo com argumentos bastante persuasivos sobre a moralidade à qual os homens devem estar submetidos:

> E a ciência delas [as leis] é a verdadeira e única filosofia moral. [...] A estes ditames da razão os homens têm por hábito chamar pelo nome de leis, mas impropriamente, pois elas são apenas conclusões ou teoremas que nos dizem respeito aos meios de conservação e defesa de todos. [...] No entanto, se considerarmos os mesmos teoremas como proferidos pela palavra de Deus, que por direito têm o poder de mando sobre todas as coisas, então serão propriamente chamadas leis.

É, como se vê, uma lei moral; e por isso mesmo essa lei "determina" que o homem procure a paz por todos os meios[106]. Trata-se de um preceito da razão que indica o que deve fazer ou deixar de fazer[107]. A conclusão é nítida: o uso que Hobbes faz dos princípios gerais da lei da natureza encontra-se no campo da ética, na medida em que o único modo de se alcançar a felicidade e a paz universal (que tem a qualidade de preservar a vida) é através da obrigação moral.

Apesar de todos os cuidados que toma com a construção de seus argumentos, Hobbes está ciente

---

106. *Do Cidadão*, I, iii, p. 80-81.

107. Id., p. 82-83.

que a paz não é um problema que se resolva simplesmente com o diálogo (principalmente porque a proteção e a segurança exigem cobrança; há um limite para a tolerância). "Pactos sem espada são meras palavras que não dão segurança a ninguém"[108]. Célebre citação que se adéqua, muito bem, às últimas palavras da primeira lei da natureza. Nada de fácil tem, portanto, a busca da paz. O filósofo deixa uma porta aberta ao problema dos conflitos. Impossível viver em tumulto permanente; mas a paz dos cemitérios não faz parte de sua agenda. Livre está o caminho para eventuais atos de desobediência, inclusive o direito de resistência.

---

108. *Leviathan*, XVII e XVIII, p. 223 e 231. • *Leviatã*, p. 107 e 112.

Oitava lição

O limite da proteção e o direito de resistência

Os estudiosos de Hobbes que costumam abordar o tema da autopreservação (ou direito de resistência, uma denominação alternativa) sentem certo constrangimento ao enfrentar a questão. O problema maior é que o filósofo não define, com precisão, o que entende por essa terminologia que, diga-se de passagem, ele mais exemplifica do que conceitua. Susanne Sreedhar destaca esse dilema ao afirmar que, não obstante a ausência de uma definição, podem-se inferir, da obra de Hobbes, vários exemplos de seu exercício[109]. A incoerência de um direito de resistência é objeto de exame por parte de muitos de seus comentadores[110]. Há um forte argumento que habita o abrigo intelectual dos autores mencionados.

---

109. SREEDHAR. *Hobbes on Resistance* – Defying the Leviathan, 2010, p. 7.

110. Uma lista desses intérpretes é elencada por Sreedhar em seu livro citado, p. 133.

Como aceitar a ideia de revolta em alguém que se empenha em combatê-la em todas as suas instâncias? Inconsistência admitida como aparente por aqueles que definem o direito de resistência nos textos do próprio Hobbes sem que isso entre em contradição com a estrutura filosófica por ele exposta no conjunto de seu trabalho. Não poucos buscam inteligentes artifícios para se livrar, com maior facilidade, da armadilha preparada pelo próprio pensador de Malmesbury. Nesse ponto – justifica Alan Ryan –, não é difícil enxergar os ingredientes aceitáveis em seus próprios escritos; mas adverte: "seria algo totalmente contrário ao espírito de sua filosofia política buscar expô-los" e elaborá-los. "O ponto de seu sistema era desacreditar qualquer teoria desse tipo"[111]. Na sequência, Ryan pavimenta uma via opcional:

> O gênio de Hobbes foi produzir uma teoria que, por ser construída sobre fundamentos individualistas e nacionalistas, deve, apesar das intenções de seu autor, deixar espaço não apenas para a resistência individual, mas também, *in extremis*, para a plena revolução[112].

Ryan sugere que se recorra ao instrumento da interpretação; e creio na possibilidade de encontrá-lo em trechos da própria obra hobbesiana. Não

---

111. RYAN. Op. cit., p. 297.

112. Id., p. 297.

constitui segredo o objetivo do filósofo. Ele informa ao leitor já na introdução ao *Leviatã* – não obstante se possa recolher em vários de seus livros. A finalidade do Estado, ou do Poder Soberano, é a segurança do povo (*Salus populi*)[113]. Refrão que se repete e o antecede. O termo *segurança* (*Salus*) atende, igualmente, pelo vocábulo *salvação*, ou mesmo bem-estar (*welfare*). Em *Do Cidadão*, Hobbes antecipa seu conceito de segurança: deve-se "entender não a mera preservação da vida em qualquer condição que seja, mas com vistas a sua felicidade"[114]. A guerra civil sequer havia eclodido, e Hobbes adota, pela primeira vez, a concepção que, coerentemente, leva adiante: "a segurança do povo é a lei suprema (*Salus populi suprema lex*), a qual se deve entender não como simples preservação de suas vidas, mas, em geral, de seus benefícios e bens"[115].

A maturidade apenas confirma a tendência anterior; a autopreservação estende-se além da mera conservação da vida. Exige, antes de qualquer coisa, uma vida satisfeita. Por esse ângulo, o dever do soberano, é claro: garantir a todos que o elegeram uma vida confortável. É precisamente no exercício

---

113. *Leviathan*. Introdução, p. 81. • *Leviatã*, p. 9.

114. *Do Cidadão*, II, xiii, 4, p. 221-222. E dois parágrafos antes: "Todos os deveres dos governantes estão contidos numa única sentença: a segurança do povo é a lei suprema" (II, xii, 2, p. 220).

115. *Elements*, II, xxviii, 1, p. 172. • *Elementos*, II, ix, 1, p. 266.

de seu cargo, na função que o torna soberano, isto é, representante da vontade popular, que reside o limite de seu poder. Sua permanência no posto que ocupa depende da capacidade de manter a unidade do povo. O tropeço em suas ações, a má condução numa atividade essencial ao bem-estar da multidão, a manutenção de uma justiça indevidamente executada, o abuso de autoridade, ou mesmo o mínimo indício de opressão, são sinais alarmantemente perigosos para a pretensão de qualquer dirigente. A prevenção dos descontentamentos gerados por qualquer desvio enumerado em uma dessas atitudes é o papel primordial do soberano. Negligenciar essa advertência é o mesmo que assinar a declaração de incompetência para dirigir uma nação. O risco de rebelião ronda o governo.

Em determinado sentido, isso é o que se pode extrair dos capítulos finais dos *Elementos*, ainda que o direito de resistência paire sobre a sociedade como uma nuvem pouco carregada[116]. Um direito manifesto, é verdade, mas individualizado. Explícita a concepção da autodefesa; proibido o recurso à insurgência. O direito de autopreservação ampliado começa a aparecer no *De Cive*. Inúmeros trechos remetem o cidadão ao problema da desobediência,

---

116. Cf. todo o cap. XXVIII da parte II dos *Elements*, p. 172-177.
• *Elementos*, cap. IX, p. 225-230.

ainda que em legítima defesa[117]. Mas concebe um padrão de oposição que ultrapassa o próprio indivíduo. Não recusa apenas a morte de quem é ameaçado, mas de familiares e até desconhecidos. No mesmo parágrafo, Hobbes reconhece, ainda que implicitamente, o direito de resistência coletivo: "Há muitos outros casos nos quais para uns é vergonhoso obedecer à ordem, mas não para outros, e por isso é correto que a obediência seja prestada por estes últimos, *e recusada por aqueles* [...]"[118]. Posta no plural, a rejeição não mais é objeto de uma ação singular, e o direito de proteção à vida não se resume ao contra-ataque, a uma agressão pessoal. Entra em cena a possibilidade de rebelião.

Como sempre, Hobbes é cuidadoso com as palavras, e sua lógica impecável não denuncia sua posição com clareza. Mas ela está ali, entre as linhas de seus textos. A chave para o êxito dessa declaração é a compreensão de dois conceitos que se supõem nave-

---

117. Há quem se oponha à expressão autodefesa, alegando que se trata de uma terminologia mal-empregada. Ela insinua que a teoria de Hobbes permite apenas a reação a um ataque. Omite, entretanto, que os textos hobbesianos envolvem o direito de defesa de terceiros. Cf. SREEDHAR. Op. cit., p. 9. Correto o raciocínio da autora. A despeito da certeira linha argumentativa que conduz sua dedução, Hobbes, de fato, utilizou-se, embora raramente, da palavra autodefesa (*self-defence*). Cf. *Leviathan*, XXI, p. 271. Os tradutores da edição brasileira preferiram usar o termo "defesa própria". *Leviatã*, p. 138.

118. Destaque meu. Cf. *Do Cidadão*, II, vi, 13, p. 126.

gar em correntes opostas (obediência e resistência), mas que confluem para despejar suas águas num desaguadouro comum. Uma mensagem única desfila nos escritos políticos de Hobbes: o intuito da criação da soberania é a proteção dos súditos e o bem-estar (*Salus populi*) do povo. Desde os *Elementos*, como visto, a paz, a autopreservação e o desejo de uma vida confortável formam o núcleo da filosofia política de Hobbes. Nada do que escreve no *Leviatã* está em desacordo com suas demais obras. Aprimorar os princípios e os conceitos, eis o que faz o filósofo em seu principal livro. As leis da natureza, por exemplo, são definidas, em 1651, com maior precisão e acuidade, mas não há novas determinações.

Constam de seus textos de nove anos antes, *Do Cidadão*. A maturidade leva o filósofo a aperfeiçoar suas ideias, oferecer mais luz ao seu pensamento. As reflexões tardias, no entanto, não indicam uma "virada" geral em sua teoria, muito embora modificações significativas detonem aqui e ali. Não é à toa que adquira a antipatia dos realistas franceses; Bramhall refere-se ao *Leviatã* como um artigo sedicioso, e o denomina de *"catecismo do rebelde"*[119]. Um conceito mais vasto do princípio de autoconservação parece aflorar, realmente, neste texto polêmico. A defesa de terceiros já fora introduzida no

---

119. Cf. SREEDHAR. Op. cit., p. 158-159.

De Cive, e vozes contestam, a partir dessa leitura, a acusação sofrida pelo autor de *egoísmo psicológico*. Durante muito tempo acredita-se que o interesse próprio é a meta primordial de Hobbes. Interpretações mais recentes – como a de Susanne Sreedhar e Bernard Gert, entre outros – apontam um novo caminho na exegese dos escritos hobbesianos. De fato, difícil atribuir a definição de egoísta a quem abre exceção para o medo da morte.

Hobbes rejeita a tese de que deve-se obedecer uma ordem do soberano sob qualquer circunstância, inclusive a de assassinato de parentes. Para ele, há casos em que "um filho preferirá morrer a viver infame e odiado por todos"[120] se porventura acatar tal ordem. Às vezes, a honra pode estar acima da preservação pessoal[121].

Nada de diferente traz o *Leviatã*. Ao contrário, fortalece, Hobbes, sua concepção de proteção, vida confortável e deveres do soberano. Amplia-se a noção de bem-estar. A destituição de governante ganha maior nitidez, ao mesmo tempo em que se acentua o papel do cidadão. Se na *Introdução* Hobbes salienta o papel do Estado (a soberania do povo), nas primeiras páginas realça o objetivo do cidadão: a felicidade. Em que consiste? Ensina Hobbes que o homem

---

120. *Do Cidadão*, II, VI, 13, p. 126.

121. Sobre a questão do egoísmo psicológico cf. o livro de GERT. Op. cit., especialmente as p. 35-38.

não consegue viver sem o desejo de acumular: riqueza, honra, poder. E esse desejo é contínuo; a aquisição do primeiro não é senão o caminho para obter o segundo. Mas não é o bastante. "Portanto – diz ele –, as ações voluntárias e as inclinações dos homens tendem, não apenas para conseguir, mas também para assegurar uma vida satisfeita"[122]. E o Estado, por meio de seu representante – que para isso é eleito –, tem o dever de garantir a vida confortável e conceder proteção ao súdito. Em suas próprias palavras: "o fim da obediência é a proteção".

A perda da segurança é, simultaneamente, a perdição do governante: "A obrigação dos súditos para com o soberano, entende-se, dura somente, e tão somente, enquanto dura o poder por meio do qual ele é capaz de protegê-lo"[123]. E aqui se encontram a função e o limite do poder soberano. Hobbes reconhece que mesmo um poder absoluto não está isento de punição. Não há castigo maior para o governante do que a perda do trono. O fim do bem-estar coincide com a insatisfação popular e sua manifestação através da resistência. Cai por terra o mito do poder perpétuo e assume-se a hipótese de que uma vida confortável não é objeto de um autor que despreze as massas. Um Estado Protetor bate às portas do palácio hobbesiano.

---

122. *Levitathan*, XI, p. 161. • *Leviatã*, p. 64.

123. *Leviathan*, XXI, p. 272. • *Leviatã*, p. 139.

Nona lição

Um precursor do liberalismo social?

Permitam-me retomar, neste capítulo, uns poucos pontos essenciais tematizados em algumas lições precedentes. Eles mostram, de certa forma, a relação de Hobbes com o regime político-econômico nascente, ainda que este não se desse conta, imediatamente, dessa realidade. O homem natural, da filosofia de Hobbes, é, praticamente, sinônimo do homem burguês: competidor, mesquinho, acumulador, ou seja, agente da economia de mercado. Hobbes a conhece em seus primórdios, e pode-se mesmo dizer que não se opõe a esse modelo. Aceita suas premissas básicas, mas quer coibir a exacerbação regulamentando o mercado com instrumentos coercitivos postos à disposição pelo próprio sistema emergente: a lei e a força consentida. Deve-se, pessoalmente, a essa orientação, o fato de alguns de seus comentadores considerá-lo o fundador do liberalismo, a exemplo de Leo Strauss e M.A. Cattaneo[124].

---

124. Citado por Sorgi. Op. cit., p. 310-311.

A rigor, o regime liberal burguês não é composto, exclusivamente, por epígonos do mercado puro. Um exame, ainda que breve, da história capitalista, revelará que ela é formada por paixões políticas e sociais divergentes e até mesmo antagônicas. Suficiente lembrar que, mesmo nos dias de hoje, diante de uma inundação de propostas neoliberais, não deixam de crescer argumentos contra o descontrole do capital nem a crítica ao fundamentalismo de mercado. Filósofos como John Rawls e Richard Rorty certamente não admitem pertencer à mesma vertente de Milton Friedman ou Robert Nozik, embora partilhem de um mesmo sistema de ideias. Afinal, não é tão reduzido o número dos que são favoráveis à necessidade de um capitalismo controlado ou de um mercado socialmente regulamentado. Nem são pequenas as chances de que essa concepção político-econômica tenha sua origem na filosofia hobbesiana que entende a finalidade da sociedade como a concretização do Estado – isto é, da sociedade civil –, orientado para o bem-estar de seus cidadãos.

O filósofo encontra-se diante de uma situação anárquica, provocada não só pela guerra civil que devasta sua terra, mas também pelas extremas modificações operadas no seio da economia nacional. Tudo que é sólido desmancha no ar. O trabalho e o homem são mercadorias, a desconfiança gera insegurança, e a competição, o lucro. Todavia, e em que pese essa dinâmica moderna causar no filósofo um certo espanto, não se consegue sentir nenhum tipo de indecisão em sua análise, no que se refere à aceitabilidade do modelo de sociedade nascente. Cenário que Hobbes compara, nos *Elementos,* à vida do homem com uma corrida (*race*), em que este se esforça para superar o próximo em algum tipo de *emulação*[125]. Acredita, no entanto, que essa competição sem freios é uma ameaça à segurança dos indivíduos, e propõe, como forma de controlar os livres impulsos, um acordo entre todos os que se encontram nessas condições, preparando, assim, o terreno para a saída desse mundo selvagem.

Necessária, a essa altura, uma indagação. Se Hobbes não apenas descreve a sociedade burguesa, mas aceita, em princípio, seus postulados, por que então preocupar-se em combater um estilo de vida com o qual tem afinidades? Não estarão corretos aqueles que insinuam que sua oposição a esse modelo implica, igualmente, sua rejeição ao capitalismo? Naturalmente, algumas passagens nos escritos do teórico inglês seiscentista parecem indicar que ele se lança contra a voracidade burguesa. Aparentemente, sua reação não é de consentimento. Cai em equívoco, todavia, quem vê nesses argumentos uma crítica aos interesses burgueses enquanto

---

125. *Elements*, I, ix, p. 59. • *Elementos*, p. 70.

tais. A condenação compromete somente o desejo de crescimento excessivo de riqueza que ameaça a existência pacífica entre os indivíduos. Sua conduta, grosso modo, o aproxima do pensamento liberal.

Nota-se aqui, porém, a diferença entre Hobbes e os liberais clássicos; uma distinção que reflete, inclusive, o problema do direito de propriedade. Defende, como todo liberal, a aquisição de bens e de meios de produção, e sua livre transferência (compra e venda) de um proprietário a outro. A propriedade é um bem que o súdito tem em suas terras (ou em seu trabalho), que consiste tanto em excluir outros súditos desses bens como podem ser trocados por qualquer outro benefício. Liberdade de comércio que não passa despercebida por muitos de seus analistas[126] – ainda que reconheçam as limitações ao direito de propriedade impostas pelo filósofo. É, portanto, no controle da acumulação de riquezas que se localiza na esfera das relações econômicas, que se dá a virada de Hobbes para o social-liberalismo.

Não obstante ele abra espaço para a livre circulação da propriedade entre os indivíduos, a au-

---

126. Cf., p. ex., a observação de Zarka em *Hobbes et La pensée politique moderne*, 1995, p. 181: "A propriedade de uma coisa é um direito absoluto no sentido de que o possuidor pode dispor da coisa como bem entender, quer dizer, pode servir-se e fazer uso de seus produtos [...] bem como transformá-los, aliená-los e até mesmo destruí-los".

sência de uma legislação que imponha restrições ao desembaraçado tráfico de mercadorias termina por conduzir os homens a uma situação que os levará de volta ao estado de natureza. O Estado surge então, conforme demonstrado anteriormente, como uma espécie de proteção contra o isolamento dos indivíduos no mercado. A riqueza, ao passar de mão em mão, independente de uma força centralizadora capaz de canalizar os benefícios para a sociedade, não concorre apenas para valorizar o capital (ou lucro, na linguagem antiga), mas para fomentar a ambição pessoal em prejuízo do bem-estar de todos.

Talvez, por isso, Hobbes veja com desconfiança os monopólios privados, uma vez que o objetivo dos corpos de comerciantes não é o benefício comum do corpo inteiro. Crê que o ideal que deva trazer vantagem para o Estado encontre-se na fusão de ambos em um único corpo político. Reivindica, com essa postura, a necessidade de liberdade no interior do próprio país, todos vendendo e comprando pelo preço sugerido[127]. Se Hobbes não subordina a sociedade ao mercado livre, tampouco pode ser acusado de "estatista" *tout court*. Inegavelmente, o Estado hobbesiano mantém uma forte presença na economia e impõe severa regulamentação ao "setor privado"; mas não subtrai a vontade contratual dos

---

127. *Leviathan*, XXII, p. 282-283. • *Leviatã*, p. 145-146.

indivíduos nem a liberdade de comércio. Sua teoria aproxima-se muito mais daquele pensamento que cria o *welfare state* liberal do que daquele que elaborou a ideologia estatista.

Vale lembrar que os Estados sociais do século XX, como a França, a Itália e a Inglaterra anterior à era Thatcher, e mesmo a Suécia, não podem ser considerados inteiramente estatistas. A regulamentação estatal protege boa parte das áreas estratégicas da economia, mas esses organismos estatais não dominam, por completo – nem dominaram antes –, toda a esfera pública. Tenha-se em mente, ainda, que o *welfare state* não é um sistema necessariamente socialista e apresenta diversas formas de economia. Demonstra Sping-Andersen, inclusive, que países como Canadá, Austrália, e mesmo os Estados Unidos que antecedem o período reaganiano, constituem-se *welfare states* liberais[128].

Hobbes insere-se, portanto, nesta categoria de pensamento liberal, mas não do liberalismo de livre mercado ou de um sistema de completa envergadura estatal. Admita-se, no limite, a possibilidade da existência de um "estatismo temperado", o que não elimina a hipótese de que o Estado hobbesiano possua suas vinculações com o ideário capitalista. O Japão e a Coreia, por exemplo, dão provas ca-

---

128. SPING-ANDERSEN. "As três economias do Welfare State". *Lua Nova*, n. 94, 1991, p. 85-116.

bais desse viés capitalista estatal, se bem que seja difícil aceitar que este último possa ser incluído no seleto clube das economias do bem-estar social. De qualquer modo, apesar de sua inclinação para a defesa dos interesses da burguesia, sabe Hobbes que submeter as relações sociais à mão invisível* do mercado será o mesmo que observar o prelúdio da dissolução da sociedade civil.

Ser expulso da competição – julga ele – é abandonar-se à miséria[129]; e nenhuma sociedade estará segura se seus súditos forem pobres[130]. Vai, o filósofo, de encontro à opinião da grande maioria dos liberais que, quando se refere aos conceitos de povo e de cidadão, restringe-se, de modo geral, às várias camadas da burguesia, ou então fala das classes subalternas de maneira preconceituosa. Simpatia para com os extratos mais baixos: é o que parece demonstrar Hobbes em sua polêmica com os arautos do direito pleno de proprie-

---

* O termo só será criado mais tarde, por Adam Smith, mas a cena econômica prepara, então, o ato inicial do palco em que intervirá a futura economia mundial.

129. Cf. *Elements of Law*, I, ix, 21, p. 60. • *Elementos*, p. 70. Hobbes, na verdade, diz que esse abandono (*forsake*) equipara-se a morrer (*to die*).

130. *Leviathan*, XIX, p. 242. • *Leviatã*, p. 119. É isso que leva Hobbes a pensar que, passando de um indivíduo para outro, essa circulação acaba por alimentar (nutrir – *Nourishing*) todas as partes do Estado (XXIV, p. 300. • Trad. bras. p. 157).

dade. Recusam-se estes a aceitar o critério justo de distribuição e insistem na impossibilidade do povo reconhecer direitos e princípios, incitando a objeção irônica do filósofo:

> Todavia o povo comum não tem capacidade suficiente para que se faça entendê-lo. Estaria satisfeito se os súditos ricos e poderosos de um reino, ou aqueles que são considerados ilustrados, fossem menos incapazes do que a multidão [...]. Ser severo com o povo é punir aquela ignorância que em grande parte deve ser imputada ao soberano"[131].

O castigo maior, em caso de convulsão social, escreve Hobbes, não deve repousar sobre o pobre povo seduzido, mas nos líderes agitadores[132]. Pensa, aqui, no clero de sua época, abominado por ele como sedutores e sediciosos. É o clero, particularmente o presbiteriano – lembra Renato Janine Ribeiro –, "o causador imediato da desordem"[133]. Reproduz Hobbes a acusação em várias oportunidades do seu livro sobre a guerra civil inglesa. Não eram presbiterianos os escoceses, os primeiros a se rebelar? De resto, se não for ele cuidadosamente vigiado, é um veículo de grande eficácia para divi-

---

131. *Leviathan*, XXX, p. 377-379. • *Leviatã*, p. 205 e 211.

132. *Leviathan*, XXX, p. 390. • *Leviatã*, p. 211.

133. RIBEIRO. Prefácio à edição brasileira do *Behemoth*, p. 14.

dir o reino em facções[134]. Mesmo quando culpa o parlamento pelo rompimento da paz, é o clero, em última análise, o responsável, que se oculta por trás dos ministros presbiterianos[135].

O preço da paz, portanto – da liberdade, diria mais tarde um célebre independentista norte-americano –, é a eterna vigilância. O filósofo, porém, deixa claro: a segurança do Estado está vinculada estreitamente ao bem-estar dos cidadãos, pois é o conforto – e a esperança de consegui-lo pelo trabalho – que impulsiona os homens para a paz. Por segurança, diz Hobbes, "não se entende aqui apenas a preservação, mas também todos os prazeres da vida (*Contentments of life*) que todo homem, por um trabalho (*Industry*) legítimo, sem perigo ou prejuízo para o Estado, pode adquirir para si próprio"[136].

A impressão que fica é que Hobbes antevê a origem primitiva da sociedade de consumo. Sugere que cada homem acomode-se ao outro. O acúmulo de bens supérfluos, para uns, e que para outros são necessários, torna-se prejudicial à sociedade[137]. Gregory Kavka reconhece nesta passagem, no tre-

---

134. "Behemoth". *English Works*, VI, p. 329, 347-348. • *Behemoth*, p. 186 e 202.

135. "Behemoth". *English Works*, VI, p. 298. • *Behemoth*, p. 158.

136. *Leviathan*, XI, XIII e XXX, p. 161, 188 e 376. • *Leviatã*, p. 64-65, 81 e 204.

137. Cf. *Leviathan*, XV, p. 209-210. • *Leviatã*, p. 94.

cho que Hobbes discute a proteção ao desemprego, que o filósofo de Malmesbury, ao esforçar-se por proporcionar uma vida decente aos cidadãos, acredita em alguma forma do Estado de bem-estar social[138]. O risco do bem-viver do cidadão está condicionado aos impulsos do mercado que, na verdade, é uma representação do estado de natureza. Escapar dessa condenação é inventar a fórmula jurídica regulamentadora do sistema. Não denota a regulamentação a eliminação da desigualdade. Até porque muitos gastam enquanto outros poupam[139].

Não há qualquer alusão à obrigação do Estado restringir-se à proteção da propriedade das elites, na medida em que o Estado é criado para oferecer *bem-estar* e a felicidade do cidadão, coisas que ele engloba sob a rubrica de segurança. Esse bem-estar implica uma qualidade de vida não só para poucos indivíduos, mas para todos igualmente. "A segurança do povo – reforça ele – requer, além do mais, daqueles que detêm o poder soberano, que a justiça seja administrada em todos os níveis da população"[140]. Um passo à frente e o filósofo antecipa, em três ou quatro séculos, o direito à proteção do trabalhador. Hobbes encontra a solução para os que

---

138. Cf. KAVKA. *Hobbesian moral and political theory*, 1986, p. 218.

139. *Leviathan*, XXX, p. 386. • *Leviatã*, p. 210.

140. *Leviathan*, XXX, p. 385. • *Leviatã*, p. 209.

se veem excluídos do processo produtivo. Garante a sobrevivência da cidade ao prever suas deficiências e sugerir uma estratégia para o problema do desemprego: "E considerando que muitos homens, por um acidente inevitável, podem tornar-se incapazes de manter-se com seu trabalho, não devem ser deixados à caridade particular, mas devem ser providos [...] pelas leis do Estado"[141].

Uma visão do conjunto da obra de Hobbes revela que ele pretende o mesmo que todos os sociais liberais: melhoria de condições dos indivíduos, ainda que no interior de uma sociedade desigual. Em todo caso, o Estado não pode furtar-se a sua função precípua, a de prover a segurança dos cidadãos e de proteger a sociedade; mas acima de tudo está a obrigação de oferecer aos súditos uma vida confortável. Resultado: o Estado não pode sofrer dieta como exigem os *neo* ou os *ultraliberais*, porquanto "a riqueza pública não pode ser estabelecida por outros limites que não aqueles que as emergências de ocasião exigem"[142].

Suspeito imaginar, nos textos hobbesianos, a concepção clássica do liberalismo ou simpatias pelo *ancien régime*. O que afugenta os teóricos do liberalismo social é a má fama que durante longo tempo

---

141. Cf. *Leviathan*, XXX, p. 387. • *Leviatã*, p. 210.
142. Cf. *Leviathan*, XXIV, p. 298. • *Leviatã*, p. 156.

acompanha o filósofo e faz dele um pensador autoritário. Contudo, um exame minucioso do conteúdo contemporâneo do Estado Previdenciário revela que suas raízes já se encontram na filosofia política e econômica de Hobbes, o que faz dele tanto um precursor longínquo do liberalismo como daquilo que hoje consideramos ser o Estado do Bem-estar social. De resto, uma boa lição para os liberais pós-modernos que têm uma boa razão para compreender a atualidade do *scholar* de Malmesbury.

Décima lição

Um homem do nosso tempo

Impregnado entre nós, ganha asas, por todo o planeta, o hábito de eliminar pensadores "perigosos" – e supostamente subversivos – da academia e do conhecimento público. O tempo de Marx, por exemplo, fica para trás. O que tem a nos ensinar um filósofo do século XIX, cuja teoria, ultrapassada pelos acontecimentos, perde sua condição de ser e a única função que permanece, na sociedade pós-moderna, é contaminar a juventude com ideias subversivas e sediciosas? Trilha seguida por aqueles que não perdoam o velho diabo de Florença: "o criminoso Maquiavel" – expressão projetada pela boca de um personagem de Shakespeare. O mesmo ocorre, durante algum período – pelo menos até a Segunda Guerra Mundial –, com o "demônio do capitalismo", o Sr. Tomas Hobbes. Por pouco, a fogueira contemporânea não lança chamas nas obras do homem de Genebra – se bem que labaredas consomem seus livros em sua terra natal. Não critica Rousseau a desigualdade entre as pessoas? Estranhamente – mas nem tanto para quem acompanha atentamente as ideias políticas atuais e sua prática – sobrevivem ao *Index* dos autores malditos os gregos, romanos (mais antigos que os perseguidos pensadores da Modernidade), escolásticos e aqueles cujos pensamentos possuam qualquer proximidade com teses fascistizantes, ou aqueles que procuram fazer da filosofia mera função de organizadora de regras do pensamento.

Entronizados no circuito da pura linguagem, ou da ordem do totalitarismo, caminham tranquilamente, pelos parques e arborizados bosques universitários, os Wittgenstein, Heidedgger e todos os demais companheiros de jornada irracional. A despeito de tudo isso, os *"mestres do inferno"* retomam seus ocupados auditórios e promovem o baile da subversão – se é possível utilizar tão livremente essa expressão –, contrariando prognósticos até então tomados como infalíveis. Revitalizadas, as ideias alcançam um público fiel e renovado, tanto quanto desce da montanha a avalanche de novas interpretações. Não é de admirar. Divulga-se, e muito, que os clássicos não morrem, têm sempre algo a dizer, e portanto não envelhecem. Se por acaso ocorre, sabem, pelo menos, envelhecer bem, com dignidade. Qualquer alternativa cai bem em nosso autor. Um moderno cresce e se alimenta de sua própria modernidade. Ou além dela.

Entre o moderno e o pós-moderno, situa-o Francesco Viola: "Não se pode dizer que uma direção interpretativa prevaleça sobre a outra, e isso, por si mesmo, explica a atualidade do filósofo inglês, cuja problemática existencial bem se adapta às tensões de nosso tempo"[143]. Oportuna a apropriação que faz Viola da relação Hobbes e pós-modernismo. O aspecto que mais evidencia a aproximação do filósofo com essa era, e que torna relevante a leitura hodierna de seus escritos, é a valorização da desordem e a enfatização de sua positividade, aliada a sua capacidade destrutiva. Dois fatores, consequentemente, caracterizam a época pós-moderna: a coexistência contraditória de retorno do medo – que impõe o sacrifício –, e a percepção da infinita multilateralidade da esperança, que postula a negação da renúncia. Ambos os aspectos estão presentes no pensamento de Hobbes[144]. Mais importante ainda: o Estado pós-moderno descobre o inimigo em seu interior. O terrorismo endêmico é, portanto, uma das manifestações de violência antiestatal. E esta é, sem dúvida, uma das razões principais do retorno da atualidade de Hobbes[145]. Relevância que não é pouca diante do tempo histórico.

---

143. VIOLA. "Hobbes: tra moderno e postmoderno – Cinquant'Anni di Studi Hobbsiani". In: NAPOLI, A. *Hobbes Oggi*,1990, p. 93.

144. Cf. VIOLA. Id., p. 93.

145. Cf. Id. p. 83.

Um olhar para frente, e sua flutuação cronológica, confirmarão o que Viola antecipa profeticamente. O ano de 2001 ilumina, sintomaticamente, o sombrio resíduo do estado de natureza que os teóricos das relações internacionais fantasiam – no fetichismo de sua *Realpolitik* – ter ficado para trás. Apagam do mapa-múndi as agitações no Egito, Turquia, Síria, os riots ingleses, manifestações no Brasil e mesmo no coração do centro financeiro do mundo. Os conflitos são mundiais; o medo intraestatal. E a esperança? Manteria Hobbes suas "ilusões" sobre seu advento? Não custa lembrar suas perspectivas; remetem elas o problema para o futuro, quando as "más doutrinas" já deverão estar erradicadas do espírito dos cidadãos e substituídas por opiniões contrárias. Esclarecimento proveniente de pena do filósofo, à medida que as universidades são palcos das ideias sediciosas[146].

Mais de três séculos se passaram, e as universidades não dão a impressão de estimular a paz, mas a forma moderna de que Hobbes chama de sedução: a luta de classes. Pouco importa a opinião de Hobbes. Admiração, espanto, surpresa, decepção. Valem mais do que tudo as similaridades internas imanentes aos Estados nacionais. O litígio mantém-se ativo – obviamente contido –, ainda que as

---

146. *Leviathan*, XVIII, XXX. p. 237, 383, 394. • *Leviatã*, p. 116, 208-209. Cf. ainda *Do Cidadão*, II, xiii, 9, p. 226-227.

paixões tendam a perder o controle. O que muda na história? Muita coisa, se a ótica focaliza o atacado; refugo do passado se dispersa no varejo. Os filósofos apreendem seu próprio tempo em conceitos (segundo sussurra, a coruja hegeliana), mas um bom número deles não esquece de unir o conceito à *práxis*. Sua atualidade corresponde à vigência ou superação de suas inquietações. Problemática a resposta às preocupações de Hobbes. Ultrapassadas, provavelmente, para quem admite que o perigo de uma guerra civil está fora de cogitação. O argumento, porém, resume-se ao Ocidente capitalista, mas deixa suspenso o problema do "resto do mundo". Não soluciona por completo, porém, quem lê na "guerra de movimento" – para utilizar uma expressão cara a Gramsci – a complicada questão da guerra de todos contra todos. Esquece que uma categoria denominada mercado, similar a um estado de guerra por meio da competição, e em plena atividade já na quarta década do século XVII, permanece mais ativa e brutal do que nunca. Observação que nos remete a um *insight* de Sreedhar nas linhas que abrem seu livro citado, e oferece uma pista para nossa obsessão em relação à exumação de espíritos de vários pensadores: a identidade entre as preocupações dos filósofos e cientistas sociais e os problemas não solucionados por eles que se repetem em nossa própria época.

Invoco o caso específico do nosso autor e tema: "Muitos dos problemas filosóficos levantados por Thomas Hobbes nos momentos fundamentais da teoria política moderna permanecem vivos hoje; contudo, as soluções para esses problemas têm sido universalmente rejeitadas[147]. Em poucas palavras, frequentemente estamos às voltas com questões que obstruem, no passado, mentes de formidável peso intelectual e chegam aos nossos dias sem que sejam resolvidas. Tradução válida para o impasse: permanece aberta a sepultura do suposto finado. Dilema de que se dá conta o filósofo italiano Noberto Bobbio. Convidado para participar da comemoração dos trezentos anos da morte de Hobbes, em Congresso Internacional, na Itália, em 1989, o professor emérito de Turim questiona o conceito de atualidade. "O que significa atual"? "Celebramos o centenário de um filósofo que não é atual? Se não acreditássemos em sua atualidade, o deixaríamos repousar tranquilamente em seu túmulo"[148]. O que entende Bobbio por atual? O acento é posto sob um interessante ponto de vista: a vitalidade de uma obra deve ser avaliada tanto por sua sobrevida como pela razão que não a leva ao sepulcro: sua relação com os problemas irresolutos. "O debate

---

147. Cf. SREEDHAR. Op. cit., p. 1.

148. BOBBIO. "Attualità e presenza di Hobbes (tavola retonda)". In: *Hobbes Oggi*, p. 579.

sobre a atualidade de um pensador – adverte – pressupõe um acordo sobre o modo de entender o que é ou não atual". Todos os grandes clássicos estão sujeitos ao envelhecimento; nem todos, porém, envelhecem bem, promovendo e transmitindo às gerações seguintes novas ideias sobre as quais refletir. Posta a questão nesses termos, Bobbio afirma que não hesita em dizer que a obra de Hobbes é uma daquelas que envelhecem bem.

O estado de natureza, o pessimismo antropológico da guerra de todos contra todos são pontos de partida de sua filosofia que parecem contrapor-se a uma necessidade que, "em princípio", poderia conduzir à paz sob a chancela de um poder comum: a ONU. Não que isso necessariamente ocorra – Bobbio não ressalta explicitamente –, mas representa, em certa medida, o *pactum unionus* sonhado pelo filósofo[149]. As respostas às angústias que assaltam a humanidade podem permanecer inalteradas; as perguntas, contudo, incomodam porquanto ecoam no vazio. É a função do filósofo preenchê-lo? Dependem os homens de sua lucidez e perspicácia, de apontar soluções e conseguir obter sua finalidade? Para alguns, talvez. A exigência, entretanto, não consta dos manuais filosóficos.

---

149. Cf. BOOBIO. Id., p. 579-584. Tratei da possibilidade de uma referência a uma ordem mundial visualizada por Hobbes em outro lugar. Cf. MAGALHÃES. *À sombra do Estado Universal.*

Sua atualidade encontra-se, talvez, nas questões não solucionadas, mais do que naquelas resolvidas, porque ultrapassam as fronteiras epocais e mantêm os indivíduos atentos em busca de seu sempiterno *Shangri-la*. Não está certo Bernard Gert, quando escreve no prefácio a sua biografia do nativo provocador de Malmesbury? "Os filósofos situam-se num tempo e lugar particular e seus escritos respondem a problemas por eles enfrentados". Parece-me essa intuição um razoável ponto de partida não apenas para conhecer as inquietações de Hobbes, mas a dos grandes clássicos que não se cansam de estimular nossa curiosidade, nossos anseios – e por que não nossas angústias? –, mas, sobretudo, se esforçam para temperar nossos medos e nutrir nosso "espírito" de esperança.

Conclusão

O Hobbes que conhecemos – o mesmo ou o "outro" –, e que atrai a atenção de quem com ele mantém (ou já manteve) algum contato, ou a quem lhe é apresentado pela primeira vez, jamais perde a esperança. No passado ou no presente, o seu objetivo não tende a mudar de rota. O homem não consegue viver em condições precárias ou de insegurança. Condição cuja responsabilidade cabe, em primeiro lugar, ao poder soberano, seja um único sujeito ou uma assembleia de homens. O "outro" Hobbes, a exemplo do "original", não parece mudar de opinião a respeito de sua concepção inicial. Vive, hoje, ou melhor, convive, nos tempos pós-modernos, com os mesmos problemas que o impelem a escrever que o homem – "o lobo do homem" – é uma mercadoria, a condição de indivíduo é a de guerra de todos contra todos, e que a única forma de conseguir alcançar a vida confortável é acreditar que a paz é possível. Mas o outro Hobbes, o novo Hobbes, difere do primitivo filósofo que considera a vida sob o regime de mercado brutal e vil. Do mesmo modo que se distancia dos muitos Hobbes que a literatura política conhece, uma vez que se trata de um Hobbes fictício, um personagem interpretável que reflete a figura singular do intelectual inglês. Conota essas palavras a consciência que tem o autor das *10 lições sobre Hobbes*, de que tudo o que este breve ensaio produz possibilita uma contestação às ideias nele expostas.

Toda leitura, como diz Renato Janine, é um recorte, uma interpretação. Impossível saber se a relação autor e leitor representa o que o primeiro tem a intenção de transmitir. Ninguém escapa a essa escolha. O que tento *decifrar* aqui – talvez essa seja a palavra adequada – é a razão pela qual Hobbes escreve suas obras políticas, suas propostas, seu desejo, enfim, o objetivo que o acompanha por toda a vida.

Não se busca, neste texto, uma explicação definitiva para o que diz o autor de *O Leviatã*. É nada mais que uma tentativa pessoal de compreendê-lo e de expor essa compreensão, que pode coincidir com muitas e divergir de outras. Em momento algum, porém, procura-se falsificar ou modificar intencionalmente o pensamento hobbesiano. As análises que o texto contém fundamentam-se, primeiramente, nas obras do escritor estudado, e, secundariamente, apoiadas em seus comentadores mais conhecidos. A palavra final, contudo, é oferecida pelo leitor, cujo acesso à obra de Hobbes está a sua disposição de duas formas: a bibliografia do próprio filósofo e a reprodução documentada, com as relativas páginas, nas linhas do trabalho que aqui finalizo.

Referências

Obras de Hobbes

Leviathan. Edição de MacPHERSON, C.B. Harmondsworth: Penguin Books, 1985.

"Leviatã". In: *Os Pensadores*. São Paulo: Abril, 1974.

"Behemoth: The history of the causes of The Civil Wars in England". In: *English Works*. Vol. VI. Londres: John Bohn, 1840.

Behemoth ou O longo parlamento. Belo Horizonte: UFMG, 2001.

"Considerations Upon The Reputation, Loyalty, Manners, and Religion of Thomas Hobbes". In: *English Works*. Vol. IV. Londres: John Bohn, 1840.

"The Questions Concerning Liberty, Necessity and Chance". In: *English Works*. Vol. V. Londres: John Bohn, 1841.

"De Homine". In: *Man and Citizen*. Indianápolis: Hackett Publishing Company, 1991.

Do Cidadão. São Paulo: Martins Fontes, 1992.

Elements of Law Natural and Politic. Oxford: Oxford University Press, 1994.

Elementos de Direito Natural e Político. Porto: Resjurídica, s/d.

Outras obras

ASHCRAFT, R. "Hobbes's natural man: A Study in Ideology Formation". *The Journal of Politics*, vol. 33, n. 4, 1971.

AUBREY, J. *Brief Lives*. Sffolk: Boydell, 2004.

BLOOM. *A angústia da influência*. Rio de Janeiro: Imago, 1991.

BOBBIO. "Attualità e presenza di Hobbes (Tavola retonda)". In: NAPOLI, A.; PACCHI, A. et al. *Hobbes Oggi*. Milão: Franco Angeli, 1990.

_____. In: SORGI. "La problematica lettura di Thomas Hobbes". *Rivista Internazionale di Filosofia di Diritto*, série V, n. LVII, 1980.

COLI. *La modernità di Thomas Hobbes*. Bolonha: Il Mulino, 1994.

FINN. *Compreender Hobbes*. Petrópolis: Vozes, 2010.

GERT. *Hobbes. Prince of Peace.* Cambridge: Polity Press, 2010.

HELLER. *El hombre del Renacimiento.* Barcelona: Península, 1980.

HILL. *Society and Puritanism in Pre-Revolutionary England.* Harmondsworth: Penguin Books, 1986.

HIRST, D. *Authority and Conflict* – England 1603-1658. Londres: Edward Arnold, 1992.

JAUSS. *Pour une esthétique de la réception.* Paris: Gallimar, 1978.

KAVKA, G. *Hobbesian moral and political theory.* Princeton: Princeton University Press, 1986.

LIMONGI. *Hobbes.* Rio de Janeiro: Zahar, 2002.

MacPHERSON. *Ascensão e queda da justiça econômica e outros ensaios.* Rio de Janeiro: Paz e Terra, 1991.

_____. *Political Theory of Possessive Individualism.* Oxford: Clarendon Press, 1962.

MAGALHÃES, F. *À sombra do Estado Universal* – Os EUA, Hobbes e a Nova Ordem Mundial. São Leopoldo: Unisinos, 2006.

MALCOLM, N. "Uma biografia restrita de Hobbes". In: SORELL, T. (org.). *Hobbes.* São Paulo: Ideias e

Letras, 1996 [Trata-se da tradução brasileira do famoso *The Cambridge Companion to Hobbes*].

MONTEIRO. "Ideologia e economia em Hobbes". *Filosofia Política*, n. 2, 1985.

OAEKSHOTT, M. *Hobbes on Civil Association*. Oxford: Basil Blackwell, 1975.

PASQUINO. *Thomas Hobbes* – Stato di natura e libertà civile. Milão: Anabasi, 1994.

PICCAROLO, A. *A guerra e a paz na história*. São Paulo: Athena, 1944.

POGREBINSCHI. *O problema da obediência em Thomas Hobbes*. São Paulo: Edusc/Anpocs, 2003.

RIBEIRO. *Ao leitor sem medo* – Hobbes escrevendo contra o seu tempo. 2. ed. Belo Horizonte: UFMG, 1995.

_____. Prefácio a HOBBES, T. *Do Cidadão*. São Paulo: Martins Fontes, 1992.

RYAN, A. "A filosofia política de Hobbes". In: SORRELL, T. (org.). *Hobbes*. Tradução do *The Cambridge Cambridge to Hobbes*. São Paulo: Ideias e Letras, 2011.

SKINNER, Q. *Hobbes e a liberdade republicana*. São Paulo: Unesp, 2008.

SOARES, L.E. *A invenção do sujeito universal* – Hobbes e a política como experiência dramática do sujeito. Campinas: Unicamp, 1995.

SORGI. "La problematica lettura di Thomas Hobbes". *Rivista Internazionale di Filosofia di Diritto*, série V, n. LVII, 1980.

SPING-ANDERSEN, G. "As três economias do Welfare State". *Lua Nova*, n. 94, set./1991.

SPIRE, A. *Marx, cet inconnu*. Paris: Desclée de Brouwer, 1999.

SREEDHAR. *Hobbes on Resistence* – Defying the Leviathan. [s.l.]: [s.e.], 2010.

STRAUSS, Leo. *The Political Philosophy of Hobbes* – Its basis and Its Genesis. Chicago: Chicago University Press, 1973.

TAYLOR, A.E. "The ethical doctrine of Hobbes". In: LIVELY, J. & REEVE, A. (eds.). *Modern Political Theory From Hobbes to Marx* – Key Debates. Londres: Routledge, 1991.

THOMAS, K. "The Social Origens of Hobbes Political Thought". In: BROWN, C.K. (org.). *Hobbes Studies*. Oxford: Basil Blackwell, 1965.

TUCK. *Hobbes*. São Paulo: Loyola, 2001.

VIOLA. "Hobbes: tra moderno e postmoderno – Cinquant'Anni di Studi Hobbsiani". In: NAPO-

LI, A.; PACCHI, A. et al. *Hobbes Oggi*. Milão: Franco Angeli, 1990.

WHITE. *Maquiavel*: um homem incompreendido. Rio de Janeiro: Record, 2007.

ZARKA, Y.C. *Hobbes et la pensée politique moderne*. Paris: Presses Universitairies de France, 1995.

CATEQUÉTICO PASTORAL

Catequese – Pastoral
Ensino religioso

CULTURAL

Administração – Antropologia – Biografias
Comunicação – Dinâmicas e Jogos
Ecologia e Meio Ambiente
Educação e Pedagogia
Filosofia – História – Letras e Literatura
Obras de referência – Política – Psicologia
Saúde e Nutrição – Serviço Social e Trabalho
Sociologia

TEOLÓGICO ESPIRITUAL

Biografias – Devocionários
Espiritualidade e Mística
Espiritualidade Mariana – Franciscanismo
Autoconhecimento – Liturgia
Obras de referência
Sagrada Escritura e Livros Apócrifos – Teologia

REVISTAS

Concilium – Estudos Bíblicos
Grande Sinal
REB – SEDOC

VOZES NOBILIS

Uma linha editorial especial, com importantes autores, alto valor agregado e qualidade superior.

PRODUTOS SAZONAIS

Folhinha do Sagrado Coração de Jesus
Calendário de Mesa do Sagrado Coração de Jesus
Agenda do Sagrado Coração de Jesus
Almanaque Santo Antônio – Agendinha
Diário Vozes – Meditações para o dia a dia
Guia Litúrgico

VOZES DE BOLSO

Obras clássicas de Ciências Humanas em formato de bolso.

CADASTRE-SE
www.vozes.com.br

EDITORA VOZES LTDA.
Rua Frei Luís, 100 – Centro – Cep 25689-900 – Petrópolis, RJ
Tel.: (24) 2233-9000 – Fax: (24) 2231-4676 – E-mail: vendas@vozes.com.br

UNIDADES NO BRASIL: Belo Horizonte, MG – Brasília, DF – Campinas, SP – Cuiabá, MT
Curitiba, PR – Florianópolis, SC – Fortaleza, CE – Goiânia, GO – Juiz de Fora, MG
Manaus, AM – Petrópolis, RJ – Porto Alegre, RS – Recife, PE – Rio de Janeiro, RJ
Salvador, BA – São Paulo, SP